Matthias Kneip

Reise in Westpolen
Orte, die Geschichte erzählen

Herausgegeben mit finanzieller Unterstützung
der Sanddorf-Stiftung Regensburg

SANDDORF
≡≡≡ STIFTUNG

Wir danken dem Reisebüro *Marco der Pole* in Krakau
für die kompetente fachliche und organisatorische
Unterstützung.

Matthias Kneip

Reise in Westpolen
Orte, die Geschichte erzählen

Lektora

Lektora, Paderborn

Zweite Auflage 2022

Alle Rechte vorbehalten
Copyright 2016 by

Lektora GmbH
Schildern 17–19
33098 Paderborn
Tel.: 05251 6886809
Fax: 05251 6886815
www.lektora.de

Druck: MCP, Marki
Covermotiv: Matthias Kneip
Covermontage: Jennifer Uelfer – Lektora GmbH
Lektorat: Lektora GmbH
Layout Inhalt: Lektora GmbH
Redaktionelle Mitarbeit: Eleonore Kaiser

Printed in Poland

ISBN: 978-3-95461-057-0

Inhalt

Das Grenzgebiet ist eine Frage der Perspektive,
es beginnt dort, wo man sich etwas von ihm verspricht
oder es als Bedrohung empfindet,
und endet da, wo es keine Bedrohungen,
aber auch keine Versprechungen gibt.
(Małgorzata Irek)

Eine Reise nach Westpolen … Und schon zögere ich. Die anderen Himmelsrichtungen des Landes klingen mir vertraut: Nordpolen, Südpolen, Ostpolen. Nichts regt sich. Aber Westpolen? Diese Bezeichnung leistet Widerstand, schlägt einen Purzelbaum durch mein historisches Bewusstsein. Meine Großeltern kannten das heutige Westpolen nur als ihr Ostdeutschland. Sie empfänden Schmerzen, auch wenn sie schwiegen. Trotzdem bleibe ich dabei, leiste meinerseits Widerstand. Auch Polen muss einen Westen haben, selbst wenn die Geschichte dabei schluckt. Ich reise nicht in der Geschichte, sondern heute. Hier und jetzt. In den Westen des Landes.

Nur der Historiker stellt Fragen. Wo zieht der Schriftsteller die Grenze? Entlang der ehemaligen deutschen Ostgrenze? An der Weichsel? Wie weit darf er gehen? Wo muss er aufhören?

Als Schriftsteller instrumentalisiere ich die künstlerische Freiheit als Ausrede, um mich einer wissenschaftlichen Diskussion nicht stellen zu müssen. Und ziehe die Grenze meines polnischen Westens so, wie ich sie empfinde. Im Bewusstsein der Geschichte, aber ohne sie der Gegenwart zur Vorschrift zu machen. Ich reise von Kołobrzeg im Norden Richtung Wałbrzych in den Süden meines Westens. Suche meine Orte meist westlich dieser ebenso künstlichen wie kunstvollen Linie, die eine ebenso unhistorische wie schöne Grenze darstellt, wie ich finde. Denn es gibt sie nicht. Weder historisch, noch kulturell.

Ich nähere mich den Orten meines Westens so, als spielte es keine Rolle, ob sie eine deutsche, eine polnische oder eine deutsch-polnische Geschichte zu erzählen haben. Zunächst jedenfalls. Dort, wo die jüngere Geschichte auf die ältere getroffen ist, werden die Orte mir von der Begegnung erzählen. Von den Funken des harten Aufeinandertreffens oder von den Funken einer Liebe, die der Politik des Nationalen bis heute die Zähne zeigt. Welche dritte Geschichte hat sich daraus entwickelt?

Ich lasse mich überraschen. Verstelle mir nicht mit Kriterien und Vorgaben die Sicht auf das Ganze. Erspare mir die Fußnoten und Begründungen. Treffe selbst keine Auswahl, sondern lasse die Orte sich selbst bewerben, an mich herantreten mit der Aufgabe, mich zu faszinieren.

Die Begeisterung meines Krakauer Reisebegleiters darüber, dass ich ein Buch über Westpolen schreiben möchte, war zunächst groß. Es gibt nicht viele Bücher über die Facetten dieser Region, jenseits der großen Städte. Einige Wochen später jedoch, nach ersten Vorrecherchen, war sein Enthusiasmus gebremst. Über seine Ideen zur Route schrieb er mir: „Ich habe ein schlechtes Gefühl. Einerseits sehe ich die Vielfalt und Größe des verlassenen deutschen Erbes häufig in sehr schlechtem Zustand. Andererseits spüre ich den Mangel an eigenen Beiträgen Nachkriegspolens in diesen Gebieten in den letzten 60 Jahren. Nicht gepflegte oder ruinierte Schlösser, Paläste, Dörfer, also Beweise einer höheren Lebenskultur der ehemaligen Einwohner einerseits und ein 24 Meter hoher Plastikpapst andererseits. Außerdem Gartenzwerge, Elendsschächte in Waldenburg, billige Plattensiedlungen, rosa-gelb gestrichene, kleine Händlerbuden sowie große Händlerbuden von Aldi, Lidl und Biedronka. Von den Friseuren und der Kriminalität an der Grenze nicht zu reden. Was suchen wir?"

Wir sind trotzdem gefahren. Wollten wissen, ob sein Gefühl ihn trog, sein Frust berechtigt war. Nicht ohne Grund bezeichneten die Polen unmittelbar nach 1945 ihren neu hinzugewonnenen westlichen Teil als „Dziki zachód", also als Polens „Wilden Westen". „Wild" geworden war diese Region östlich der Oder durch einen verheerenden Krieg. Fluchten und Vertreibungen machten sie zudem zu einem fast menschenleeren Raum. Der Tausch für den verlorenen Osten war für Polen ein schlechter, weil erzwungener.

Was werde ich heute, mehr als 70 Jahre später, davon noch wahrnehmen? Welche Spuren hat die Geschichte noch hinterlassen, welche Maßnahmen zur Übertünchung hat sie getroffen? Und welche Orte und Menschen offenbaren sich mir, die jenseits der Politik das Alltägliche zum Besonderen in dieser Region werden lassen? Menschen, die ihr eine neue, eigene Identität gegeben haben.

So mache ich mich auf, ohne belastendes Gepäck, begebe mich auf eine Reise in eine Region, die zu kennen man häufig meint, weil man das meiste in ihr nicht vermutet.

Ein bisschen Polen in Deutschland

Noch bevor ich die deutsch-polnische Grenze überquere, kommt mir das Land ein Stück entgegen. Auf dem Parkplatz eines Supermarktes in dem deutschen Ort Löcknitz, wenige Kilometer vor der Grenze, stehen schon zahlreiche polnische Autos neben deutschen, und im Markt selbst höre ich die polnische Sprache. Einer der Kunden kommt aus dem nahegelegenen Stettin, und als ich ihn frage, warum er hier einkauft, hält er mir strahlend ein Glas in Essig eingelegter Zwiebeln entgegen. „Deshalb! Gibt's bei uns nicht! Und das auch nicht!" Er zeigt mir ein Glas mit Würstchen. Es ist also keinesfalls so, dass nur Deutsche nach Polen hinüberfahren zum Einkaufen. Auch die Polen kommen an diesen Ort, um sich ihren Speiseplan aufzuhübschen mit deutschen Spezialitäten. Und manche von ihnen kommen für immer. Allein in der Gemeinde Löcknitz stammt jeder zehnte der 3.000 Einwohner aus Polen. Viele von ihnen haben hier eine gute Arbeit gefunden, im Krankenhaus von Pasewalk zum Beispiel. Oder als Kellner in einem Restaurant, als Friseuse, Verkäufer oder Kassiererin in einem Supermarkt. Manche von ihnen wohnen noch in Polen und kommen nur zur Arbeit her. Andere machen es umgekehrt, so wie Zbyszek, den ich an seinem Auto treffe und der mit seiner Frau Magda und den zwei Töchtern in Löcknitz wohnt, aber in Stettin arbeitet. Er ist wegen der Kinder hierher gezogen. Sie haben erst die zweisprachige Grundschule in Löcknitz und dann das renommierte Deutsch-Polnische Gymnasium besucht. Seit einigen Jahren müssen die Eltern der polnischen Schüler einen Wohnsitz in Deutschland nachweisen, erzählt mir Zbyszek, deshalb hätten sie hier eine Wohnung. Nur die polnischen Schüler aus der benachbarten Partnerschule in Police bilden eine Ausnahme. Sie werden in der Zeit, in der sie die deutsche Schule besuchen, jeden Tag mit dem Bus aus Polen nach Löcknitz gefahren und nach der Schule wieder abgeholt. Am Ende ihres Schülerdaseins können sie dann sogar ein deutsches und ein polnisches Abitur vorweisen, was in Löcknitz selbst noch nicht möglich ist.

Von der zweisprachigen Schulbildung versprechen sich Zbyszek und Magda mehr Chancen für ihre Töchter auf dem Arbeitsmarkt. Als ich die kleine Maria frage, ob sie gut deutsch verstehe, lacht sie nur etwas verschämt. Aber sie sagt nichts. „Sie traut sich noch nicht, deutsch zu sprechen", erklärt mir ihre Mutter. Aber sie verstehe schon alles.

Den Unterricht in der Schule stelle ich mir schwierig vor, denn so wie Maria gibt es wohl einige Kinder, die noch mit den Tücken der deutschen Sprache zu kämpfen haben. Aber genau darin liegt ja der Reiz. Schon von der ersten Klasse an lernen die Schüler gemeinsam und lernen so ihre beiden Sprachen sowie die Kultur ihrer Herkunftsländer kennen.

Einige der deutschen Gymnasiasten treffe ich vor ihrer Schule. Als ich sie frage, wie der gemeinsame Unterricht mit den Polen denn so laufe, sind sie sichtbar irritiert. Was sollte da nicht laufen? Vielleicht hatte ich gehofft, sie würden mir jetzt irgendetwas darüber erzählen, was bei den polnischen Schülern anders oder komisch sei. Aber nichts dergleichen. In ihrem jugendlichen Alltag unterscheiden sie die Nationalität nicht mehr. Sie sitzen nebeneinander, gehen miteinander aus, streiten oder mögen sich wie deutsche Schüler untereinander auch. Das Denken in nationalen Kategorien ist ihnen glaubhaft fremd geworden.

Als ich in der Hauptstraße des Ortes am Geschäft eines Immobilienmaklers vorbeikomme, treffe ich Zbyszek und seine Familie wieder. Auch sie suchen nach einem Haus in der Gegend, doch die Preise sind in den letzten Jahren enorm gestiegen. Die Nachfrage aus Polen ist so groß, dass selbst die Flyer mit Angeboten in polnischer Sprache ausgelegt sind.

Dabei liegt es durchaus im Interesse der Gemeinde, dass Polen sich hier niederlassen und Arbeit finden. Zu viele deutsche Familien, vor allem auch junge Menschen, sind längst weggezogen, weil sie in dieser Gegend keine Perspektiven mehr für sich sahen. Jetzt könnten viele Gemeinden ohne die Steuern der polnischen Familien gar nicht mehr überleben. Damit noch mehr Polen kommen, wurde seitens der „Euroregion Pomerania" eigens eine Kontakt- und Beratungsstelle eingerichtet, bei der polnische Familien in allen Bereichen Unterstützung finden, wenn sie Hilfe, beispielsweise beim Umzug, brauchen. Polen ist nicht nur angekommen, sondern sogar willkommen. Die offenen Grenzen machen es möglich.

Ein wenig muss ich schmunzeln, als ich das beste Café im Ort betrete und feststelle, dass es „Café Traum" heißt. Die gebürtige Ukrainerin Halyna hat sich selbigen hier verwirklicht. Sie spricht fließend Russisch (weil sie aus Odessa stammt), Polnisch, Englisch und Deutsch. Doch zunächst mal begrüßt sie alle auf Deutsch, auch jene Polen, die sie gleich auf Polnisch ansprechen. Schließlich sei man ja in Deutschland und das gehöre sich so, meint sie. Obwohl es Halyna ärgert, dass einige der Polen hier allein wegen der besseren sozialen Bezüge nach Deutschland umsiedeln, betrachtet auch sie das Zusammenleben mit ihnen als selbstverständlich. Geklaut wurde ihr jedenfalls noch nie etwas und auch keine ihrer großen Scheiben eingeschlagen, nicht mal während politischer Wahlen, wenn die Angehörigen rechter Parteien auf Plakaten gegen die Polen Stimmung machten. „Das ist und bleibt eine Minderheit", sagt Halyna. Außerdem habe der eine oder andere Skinhead auch schon polnische Bonbons bei ihr gekauft, erzählt sie mit etwas Stolz. Sie importiert die Süßigkeiten extra aus dem 400 km entfernt gelegenen Bydgoszcz von der Konditorei „Sowa". Das seien die besten. Bei ihr gebe es schließlich nur das Beste, und nicht diese eingefrorenen deutschen Kuchen aus dem Supermarkt. Noch während ich mich durch ihr Angebot probiere, schmecke ich, dass sie

Recht hat. Ob sich ihr Traum erfüllt habe, frage ich Halyna zum Abschied. Doch genau in diesem Moment klingelt ihr Handy und irgendwie bin ich froh, ihre Antwort nicht mehr bekommen zu haben.

Ich fahre weiter Richtung Osten. Nach Westpolen. Von einem Grenzübergang sehe ich nichts mehr. Erst die Anzeige der Benzinpreise in Złoty an einer Tankstelle signalisiert mir, dass ich angekommen bin.

Eine Stadt sucht sich selbst

Jeder meiner Spaziergänge durch Stettin gleicht dem Versuch, beim Schwimmen auf hoher See irgendwie Boden unter die Füße zu bekommen. Doch ich finde keinen Boden, keinen Halt. Diese Stadt lässt mich nicht an sich heran. Auf der Suche nach einem passenden Ort hier finde ich nur die Stadt selbst. Immer wieder.

Stettin ist anders als die anderen ehemals deutschen Städte im heutigen Polen, die es irgendwie geschafft haben, in den Wogen der deutsch-polnischen Geschichte mit sich selbst ins Gleichgewicht zu kommen. Breslau, Danzig, selbst eine kleine Stadt wie Oppeln ruhen irgendwie in sich. Doch Stettin? Die Stadt scheint selbst noch nicht genau zu wissen, wohin sie gehört.

Schon nach dem Krieg blieb zunächst unklar, welche Zukunft ihr bestimmt war. Das Potsdamer Abkommen hatte die Stadt eindeutig Deutschland zugeschlagen, weil sie westlich der Oder-Neiße-Linie liegt. Die russischen Besatzer gaben sie also nach dem Einmarsch zurück, hinderten die Polen sogar an der Übernahme. Über 80.000 Stettiner kehrten sofort in ihre Heimat zurück, sogar ein deutscher Bürgermeister wurde eingesetzt. Doch als die tief in den Osten vorgerückten Alliierten sich zur vereinbarten Demarkationslinie zurückgezogen hatten, ging Stalins Kalkül auf. Ohne westlichen Schutz übergab Moskau am 5. Juni 1945 – fünf Tage nach dem Abzug der Briten aus Schwerin – die Stadt nun doch der polnischen Verwaltung.

Dennoch hält die Stadt bis heute ihren Blick nach Westen gerichtet, weil es im Osten nichts zu sehen gibt. Berlin ist ihr näher als Warschau. Irgendwo habe ich mal folgenden Witz gelesen: Prahlt ein Warschauer vor dem Stettiner: „Bei uns gibt es alles! Ein Fußballstadion, einen Flughafen, Theater, Einkaufszentren, Nachtklubs, Wolkenkratzer. Und? Was gibt es bei euch in Stettin?" „Wir brauchen das nicht", antwortet der Stettiner, „wir fahren nach Berlin!".

Es wäre zu schön. Sogar von einer Magnetschwebebahn in die deutsche Hauptstadt war schon einmal die Rede. 120 Kilometer in 15 Minuten Fahrzeit. Doch es sind Träume geblieben. Wer wirklich nach Berlin möchte, verbringt immer noch gut zwei Stunden im Regionalzug. Eine schnellere Verbindung soll erst in ein paar Jahren ausgebaut werden.

Welchen Ort suche ich in Stettin? Die Bunker aus dem Zweiten Weltkrieg unter der Stadt? Die schöne Promenade auf der Hakenterrasse mit Blick auf den Hafen? Oder sollte ich mich zu einer Stadtführung per Paddelboot anmelden? Es wäre ein Irrtum zu glauben, man könnte in Stettin nichts unternehmen. Aber keine dieser Möglichkeiten drängt sich mir auf. Es bleibt beim Umherirren zwischen überbreiten Straßen, entlang gewaltiger Plätze, die sich kaum noch als solche erkennen lassen, oder durch moderne Kaufhäuser, die sich dann doch alle ähneln. Dazu passt irgendwie, dass das ehemalige preußische Königstor nun am „Platz der preußischen Huldigung" liegt und die Hausnummer 1 trägt. Die Polen verbinden die „Preußische Huldigung" unweigerlich mit jenem berühmten Gemälde Jan Matejkos, auf dem der ehemalige Hochmeister des Deutschen Ordens, Albrecht von Hohenzollern, demütig vor dem polnischen König kniet und seine Treue schwört. Nur äußerlich erzwingt Stettin sein Polentum durch derart patriotische Straßennamen. So habe ich bislang in keiner anderen Stadt eine „ul. Szczerbcowa" gesehen, also eine „Straße des polnischen Krönungsschwertes". Dass das Denkmal des polnischen Nationaldichters Adam Mickiewicz sich auf dem Sockel des ehemaligen Kaiserdenkmals von Friedrich III. befindet, passt ebenso ins Bild wie die Benennung der alten Hakenterrassen als „Wały Chrobrego" in Erinnerung an den polnischen König Bolesław Chrobry.

Die Liste patriotischer Straßen- und Plätzenamen ließe sich lange fortführen. So gibt es noch einen „Platz des polnischen Soldaten", eine „Piłsudski-Straße", eine „Wawelstraße" und viele andere mehr.

Auch die polnischen Zeilen auf einer Gedenktafel an einer Kirchenmauer klingen an diesem Ort verzweifelt: *Wir sind Polen. Der Glaube unserer Väter ist auch der Glaube unserer Kinder. Der Pole ist dem Polen ein Bruder. Täglich dient der Pole seiner Nation. Polen ist unsere Mutter. Über die Mutter darf man nicht schlecht reden.* Die Tafel dient der Erinnerung an den 60. Jahrestag der Verkündigung jener „Fünf Wahrheiten des Polentums", auf die sich die in Deutschland lebenden Polen im Jahr 1938 eingeschworen haben.

Den Marktplatz in Stettin finde ich, ohne ihn zu suchen. Zufällig. Er ist viel zu klein für diese große Stadt. Ein thailändisches, ein japanisches und ein polnisches Restaurant werben hier um die Gunst der Kunden, alternativ bleibt eine französische Weinstube. Alles nicht so schlimm. Die Suche nach Identität schafft Möglichkeiten. Im Geburtshaus von Katharina der Großen, der berühmtesten Tochter der Stadt, befindet sich heute eine Versicherungsgesellschaft. In Stettin ist man stolz auf sie, obwohl sie für die Teilungen Polens Ende des 18. Jahrhunderts mitverantwortlich war.

Ich fahre mit dem Aufzug ins *Café 22*, das modernste Café der Stadt, das im obersten Stockwerk des höchsten Gebäudes von Stettin liegt. Die Superlative ziehen die Kundschaft an. Wirklich ein schickes Café, auf der Höhe des Zeitgeistes moderner Entspannung. Doch der Ausblick auf die Stadt ähnelt verstreut liegenden Teilen eines unfertigen Puzzles. Die Kräne und Speicher der Hafenlandschaft bilden noch eine Einheit mit dem Fluss, der Rest liegt irgendwie herum. Plattenbauten, der Komplex der Hakenterrassen, alte Kirchen zwischen neuen Häuserblocks, Parkanlagen, eine mehrspurige Durchfahrtsstraße mit Kreisverkehr, das wiederaufgebaute Schloss der Pommern, davor die neue Philharmonie neben dem alten Gebäude der Polizeikommandantur. Jedes Teil für sich hat enorm viel Platz um sich herum. Das Gebäude der Philharmonie, die erst 2014 eröffnet wurde, ist dabei ein weiterer Beweis für die Versuche der Stadt, Ruhe in der Zukunft zu finden. Architektonisch ähnelt der strahlendweiße Klotz einem etwas klobig geratenen Raumschiff, dem im All der Sprit ausgegangen ist und das ausgerechnet neben dem Pommerschen Schloss in Stettin strandete. Der Reiz der Architektur Stettins liegt in ihrer Vielfalt. Ästheten verlaufen sich in ihr.

Weder die Geschichte, noch die Geografie haben es mit Stettin gut gemeint. In Deutschland wie in Polen liegt es heute am Rand, ohne rechten Anschluss nach links und rechts. Doch es gibt keinen Grund, sich zu beklagen. Ich bin mir sicher, die Stettiner lieben ihre Stadt. Gerade deshalb, weil sie keine Identität einfordert. Sie lebt von ihren Visionen. Auch mir geht es so. Ich träume lieber in dieser Stadt, als dass ich über sie schreibe.

Das (vermutlich) älteste Kino der Welt

Obwohl ich ziellos durch Stettin spaziere, habe ich das Gefühl, etwas finden zu müssen. Einen Ort, der mich anhalten lässt, mir Orientierung verschafft in der unruhigen Architektur der Stadt. Einen Ort, der mir beweist, dass der Stadt Kontinuität innewohnt, trotz der Brüche in ihrer Geschichte.

Das Gebäude, das mich zum Stolpern bringt, ist von außen unscheinbar. Ein kleines Kino in der al. Wojska Polskiego, über dessen Eingang die polnische Aufschrift steht: *Kino Pionier 1907. Das älteste Kino der Welt*. Ich halte inne. Das älteste Kino der Welt? Ausgerechnet in Stettin? Ich trete ein.

Die deutsche Schriftstellerin Ilse Aichinger hat einmal gesagt, Kino sei eine Form des Verschwindens. Sie hat Recht. Sobald der Film beginnt, betritt man eine neue Welt, lässt die alte hinter sich, für einen Moment wenigstens, bis der Abspann kommt, den Zuschauer wieder schonend zurückführt in die Wirklichkeit. Und er diese dann vielleicht anders sieht. Ich verlasse die reale Welt und freue mich auf einen Film, egal welchen.

An der Kasse frage ich, warum die Zahl 1907 draußen eine andere Farbe hat als der Rest der Schrift, und erfahre, dass die ursprüngliche Zahl 1909 vor wenigen Jahren überklebt wurde. Das Jahr 1909 reichte nur vorübergehend für den Eintrag ins Guinessbuch der Rekorde, den das Kino 2005 erhielt und der lautete: „Das älteste Kino der Welt ist das Kino Pionier, das als Helios Kino am 26. September 1909 in Stettin eröffnet wurde und immer noch betrieben wird." Gut sichtbar für alle Besucher hängt die Urkunde im Eingangsbereich, wie zum Beweis dafür, dass der Titel rechtmäßig ist. Doch vor wenigen Jahren hat ein dänisches Kino den Rekord übernommen, weil es nachweisen konnte, bereits seit 1907 in Betrieb zu sein. Also musste Stettin nachziehen, und wie der Zufall es wollte, fand der Eigentümer tatsächlich Dokumente, die ebenfalls das Jahr 1907 als Kinostart belegen. Den Eintrag ins Guinessbuch erhielt man zwar nicht zurück, doch den Titel „ältestes Kino der Welt" ließ man sich nicht nehmen. Selbst hier kämpft also ein kleiner Teil der Stadt um seine Tradition.

So unscheinbar das Kino sich ins Stadtbild einfügt, es hat eine bewegte Geschichte. Mehrere Aktenordner im Eingangsbereich legen in Form von Artikeln und Zeitungsausschnitten Zeugnis davon ab. An den Wänden hängen noch alte Filmplakate zu Filmen des Regisseurs Ingmar Bergman, „Die Zeit mit Monika" zum Beispiel, Fotos mit der Schauspielerin Jeanne Moreau oder Plakate polnischer Klassiker wie „Sexmisja". Dazwischen finde ich, eingerahmt hinter Glas, ein Gedicht des polnischen Lyrikers Ildefons Gałczyński, das von seiner Tochter signiert ist und den Titel trägt „Kleine Kinos". In der ersten Strophe heißt es: „Die kleinen Kinos sind die besten / In Zerrissenheit und Leid / ausgepolstert mit Plüschsesseln rot wie das Herz". Dieses Kino muss sehr gut sein, denn es ist wirklich klein.

Als „Helios-Welt-Kino-Theater" 1907 in der Falkenwalderstraße gegründet, nannte es sich später „Welt-Lichtspiele". Den Zweiten Weltkrieg hat das Kino zwar überlebt, aber nicht sein deutscher Name. Als „Kino Odra" nahm es bereits am zweiten Weihnachtsfeiertag des Jahres 1945 den Betrieb wieder auf und zeigte zur Eröffnung den Film „Iwan der Schreckliche" des russischen Regisseurs Sergej Eisenstein. „Iwan der Schreckliche" im Jahr 1945? – als ich das in einem der Zeitungsausschnitte lese, muss ich lachen. Zu gerne wüsste ich, was sich die Zuschauer damals dabei gedacht haben. Als es dann galt, Stettin endgültig als urpolnische Stadt zu propagieren, änderte man 1950 den Namen in „Kino Pionier". Dabei ist es geblieben, mit wechselnden Jahreszahlen im Nachspann.

Die heutigen zwei Säle lassen nur noch erahnen, wie sich das Kinoerlebnis vor über einem Jahrhundert angefühlt haben muss. Der alte Hauptsaal ist ziemlich lang und schmal, ein Korridor als Kinosaal, mit roten Plüschsesseln. Gałczyński würde es gefallen. Doch mit der Umstellung auf digitale Projektion ist vor wenigen Jahren auch das Rauschen aus dem Saal verschwunden. Geblieben ist allein die Einbildungskraft der Cineasten. Im neueren Saal im Untergeschoss bietet eine kleine Bar an Tischen Getränke und kleine Snacks während der Filme an. „Kiniarnia" nennt man so was in Polen, zusammengesetzt aus den Worten „kino" für „Kino" und „kawiarnia" für Café. Ich entscheide mich für den oberen Saal und finde mich fast allein darin wieder. Das Kino hat sich auf Nischenfilme mit Anspruch spezialisiert, doch die Nachfrage scheint gering, selbst wenn es sich um eine deutsche Literaturverfilmung handelt. „A Promise", heißt der heute gezeigte französische Film, der auf einer Erzählung von Stefan Zweig mit dem Titel „Widerstand gegen die Wirklichkeit" basiert. Es geht um ein Versprechen und die Frage, wie lange man einer Liebe, von der man getrennt ist, die Treue halten kann. Am Ende findet sich das Paar wieder, wenn auch zögerlich. Ein französischer Film mit englischem Titel, der auf einer deutschen Literaturvorlage basiert – er passt irgendwie zu Stettin.

Wieder draußen auf dem Gehsteig vor dem Kino gebe ich meinen Widerstand gegen die Wirklichkeit Stettins endgültig auf. Ich füge mich der Unordnung, höre auf, etwas zu suchen. Ich lasse mich durch die Straßen treiben und begleite im Geiste die Stadt auf ihrem Weg zur Haltestelle irgendwo zwischen Warschau und Berlin.

Ein Wrack als Grab –
die Kinder vom Kamper See

Wie Sterne funkeln die kleinen Wellen auf dem Kamper See im abendlichen Sonnenlicht. Im Hintergrund rauschen die großen der Ostsee an den Strand, der nur von einem schmalen Küstenstreifen getrennt wenige Meter vom See entfernt liegt. Die Idylle könnte schöner nicht sein. Und dennoch stehe ich traurig und bewegt an seinem Ufer.

950 Meter von meinem Standort entfernt, mitten auf dem See, liegt ein Flugzeug unter der Wasseroberfläche. In einem Meter fünfzig Tiefe, drei weitere Meter zusätzlich im Schlamm versunken. Im Innern der Dornier-Maschine liegen die Leichen von 76 Kindern sowie vier Besatzungsmitgliedern, deren Bergung bis heute nicht erfolgt ist. Aus politischen Gründen. Oder finanziellen.

Ich hätte nicht hierher kommen müssen. Diese Geschichte zu schreiben bedarf nicht meiner Anwesenheit am Ufer des Sees, der von außen betrachtet nichts von seinem traurigen Schicksal preisgibt. Wer in ihm badet, mag froh darüber sein, nichts davon zu wissen. Doch der Respekt nötigte mir die Reise ab. Seit Jahren geht mir dieses Flugzeug durch den Kopf, sein Absturz mit den Kindern, ihr Grab unter Wasser, das sie umschließt.

Im November 1944 wurde die nahegelegene Stadt Kolberg zur Festung erklärt, erbitterte Kämpfe Anfang März 1945 führten zu einem gewaltigen Flüchtlingsstrom Richtung Westen, an diesen See. Unter den Flüchtlingen waren viele Kinder, die sich im Rahmen der Kinderlandverschickung in der Gegend aufgehalten hatten und nun ebenfalls an den Ufern des Sees eintrafen. Bereits Mitte der 1930er Jahre hatten die Nationalsozialisten auf dem Kamper See eine Militärbasis für Wasserflugzeuge zur Seenotrettung eingerichtet, weshalb im März 1945 einige Maschinen ohne Aufgabe und Befehl auf Anweisungen warteten – die nicht mehr erfolgten. Stattdessen kamen die Flüchtlinge mit den Kindern, bei einer Temperatur von minus 19 Grad auf der Suche nach Hilfe. Hauptmann Karl Born, der eigene Kinder hatte, war von dem Anblick so erschüttert, dass er spontan eine Luftbrücke ins Leben rief, der möglicherweise über 10.000 Menschen ihr Leben zu verdanken haben. In völlig überfüllten Dornier-24-Fliegern wurden sie im Halbstundentakt Richtung Rügen und Schleswig-Holstein ausgeflogen. Doch eine Maschine, die am

5. März 1945 abhob, hat es nicht geschafft. Nach 80 Metern heulte sie plötzlich auf, stellte sich senkrecht in der Luft und stürzte mit dem Heck voran in den See. An eine Bergung war in der Hektik der Flucht nicht zu denken. Nur eine der Betreuerinnen wurde aus dem Wrack gespült und überlebte das Drama. Warum die Maschine letztlich abgestürzt ist, darüber rätseln die Spezialisten bis heute. Die Flugzeuge, die eigentlich nur für 16 Besatzungsmitglieder gedacht waren, waren damals alle hoffnungslos überfüllt, die Gefahr eines Absturzes lag also in der Luft.

In einem Hangar unweit des Sees befinden sich ein kleines Militärmuseum sowie die „Stiftung für Militärkunde Fort Rogowo". Ich treffe ihren Gründer und Vorsitzenden, Mirosław Huryn, der sicher ist, dass das Flugzeug damals von russischen Panzern, die auf den Feldern standen, abgeschossen wurde. Zum Beweis zeigt er mir vom Wrack geborgene Blechteile, die tatsächlich von Granatsplittern durchlöchert sind. Überfüllung oder Gewichtsverschiebung hält er als Ursache für ausgeschlossen. Die Flugzeuge waren im Innern mit Trennwänden ausgestattet, die jede Verschiebung der eingezwängten Kinder unmöglich gemacht hätten. Später gab es auch Zeugenaussagen, die damals sowjetische Panzer auf den umliegenden Feldern gesichtet haben wollen. Doch der Nachweis eines Abschusses könnte möglicherweise erst mit der Bergung des Wracks geliefert werden.

Seit Jahren setzt sich Huryn dafür ein, dass das Wrack mit den Leichen aus dem See geborgen wird. Bei einer Maschine mit knapp sechs Metern Höhe und 28 Metern Spannweite kein leichtes Unterfangen. Aber nicht unmöglich. Huryn erzählt mir, dass bereits 1987 russische und polnische Pfadfinder zu dem Wrack vorgedrungen sind und jene Teile bargen, die er später aus Warschau zurückgeschickt bekam und die er mir heute gezeigt hat. Darüber geredet hat damals freilich niemand, zu groß war die Angst vor möglichen Anschuldigungen gegenüber Russland. Später führte er selbst Tauchexpeditionen durch, doch die Bedingungen wurden aufgrund der Verschlammung immer schwieriger. Mittlerweile sieht man nur noch sehr wenig unter Wasser, eine Bergung gestaltet sich extrem schwierig, trotz der geringen Tiefe.

Doch die Hoffnung bleibt. In den letzten Jahren gab es verschiedene Anläufe, durch Spendensammlungen und politische Verhandlungen die Bergung der Kinder und des Flugzeugs zu ermöglichen. Bislang noch ohne Erfolg.

Wenn dieses Flugzeug sowie drei weitere Flugzeugwracks, die auf dem Grund des Sees liegen, gehoben sind, möchte Mirosław Huryn hier wieder Wasserflugzeuge stationieren. Die Tradition soll weiterleben. Aber noch sprechen ethische Gründe dagegen.

So wird der Jezioro Resko Przymorskie, wie der See heute heißt, weiter als Naherholungsgebiet dienen für jene, welche die Geschichte nicht kennen oder sie ignorieren. Mich jedenfalls zieht hier nichts ins Wasser. Ich zünde eine Kerze an und stelle sie ins Gras. Bete dafür, dass die Kinder einmal so Ruhe finden, wie es sich gehört – in einem ordentlichen Grab. Sie haben ein Recht darauf.

Polen und das Meer –
ein Denkmal zur Vermählung

Das Denkmal steht direkt an der Strandpromenade in Kołobrzeg, die im Sommer von einer dichten Touristenmenge überzogen ist. Und doch steht es ein wenig abseits. Ich beobachte kaum jemanden, der ein Foto von ihm macht oder die Tafel mit der Inschrift liest. Vielleicht liegt es daran, dass das Denkmal ein wenig in den Wald versetzt liegt und die Bäume Schatten spenden. Ein Schatten, den hier keiner haben möchte. Oder daran, dass die Geschichte von Kolberg, wie die Stadt bis 1945 hieß, eine Geschichte des Krieges ist, weshalb hier in den 1970er- und 1980er-Jahren ein berühmtes Festival der Soldatenlieder veranstaltet wurde, es ein Militärmuseum sowie einen der größten Militärläden des Landes gibt. Vom Maschinengewehr bis zur Panzerattrappe ist dort alles zu haben. Selbst in Deutschland verbinden viele den Namen der Stadt Kolberg eher mit dem Propagandafilm der Nationalsozialisten aus dem Jahr 1945 als mit einem polnischen Ferienort direkt an der Ostsee. Doch auch die Erinnerung an den Krieg braucht hier niemand.

Während die zahlreichen Restaurants und Souvenirbuden bei mir eine eher zweifelhafte Urlaubsidylle hervorrufen, gelingt es mir im Schatten des Denkmals, ein wenig Ruhe zu finden. Es nimmt mich mit auf eine Reise durch die polnische Geschichte, in welcher der Zugang zum Meer eine nicht unwesentliche Rolle spielte. Bis heute gilt das Meer den Polen nicht nur als Symbol der Freiheit, sondern es ist auch ein wichtiger Wirtschaftsfaktor. In der Vergangenheit wie in der Gegenwart. Das Denkmal erinnert an diese Verbindung, genauer gesagt an jene Vermählung Polens mit dem Meer, die hier am Strand von Kolberg am 18. März des Jahres 1945 stattfand.

Genaugenommen war das aber schon die zweite Hochzeit, denn bereits nach der dritten Teilung im Jahr 1795 war den Polen nicht nur das Meer, sondern gleich die politische Existenz des ganzen Landes genommen worden. Erst 1918 erschien es wieder als eigenständiger Staat auf der europäischen Landkarte, und zwei Jahre später war auch der Zugang zum Meer wieder hergestellt. Der damalige Divisionsgeneral Józef Haller nahm dieses Ereignis im Februar 1920 zum Anlass, das wiedererstandene Polen erstmals mit dem Meer zu vermählen, in der Hoffnung, dass dieses Bündnis ewig halten möge. In einem besonders feierlichen Ritual, das eine aus dem Jahr 1000 stammende Tradition aus Venedig aufgriff und die besondere Beziehung zwischen Mensch und Meer symbolisieren sollte, ließ er in Anwesenheit von Vertretern der Armee und der polnischen Behörden in der Stadt Puck einen Ring ins Meer werfen und eine Gedenksäule errichten. Doch mit dem Ausbruch des Zweiten Weltkriegs wurde die Ehe zwangsgeschieden, und auch die Gedenksäule wurde kurz nach dem Einmarsch der deutschen Soldaten in Polen 1939 zerstört.

Als es Mitte März 1945 polnischen und russischen Soldaten gelang, die Festung Kolberg einzunehmen, erinnerten sich viele Soldaten an jene Zeremonie von 1920, von der sie schon in ihrer Schulzeit gehört hatten. So versammelten sich wenige Stunden nach dem Ende der Kämpfe am 18. März 1945 um Punkt 16 Uhr Soldaten der 1. und 2. Polnischen Armee neben den Ruinen des Kolberger Leuchtturms, um dieses Ritual zu wiederholen. Eine Messe wurde zelebriert, die polnische Hymne gespielt, und nachdem vier Soldaten mit einer polnischen Fahne ins Meer gelaufen waren, fiel dem Gefreiten Franciszek Niewidziajło die Ehre zu, einen Ring in die Fluten zu werfen mit den Worten: „Indem ich diesen Ring in deine Wellen werfe, vermähle ich mich mit dir, denn du warst

unser und wirst es immer sein." In seiner feierlichen An-
sprache sagte Oberst Piotr Jaruszewicz: „Erinnert euch daran, das ist Geschichte! Irgendwann werden die zukünftigen
Generationen ehrfurchtsvoll über den heutigen Tag sprechen,
wie wir es über unsere großen Vorfahren tun. Ihr schafft jetzt
Geschichte, so wie damals Chrobry und Krzywousty." Die
Vermählung mit dem Meer wurde zum festen Bestandteil
jener politischen Propaganda, welche das Urpolentum der
bis 1945 deutschen Gebiete beschwor, und deshalb ging sie
schnell ins kollektive Bewusstsein all jener Polen ein, die zu
Zeiten der Volksrepublik Polen aufgewachsen sind.

Das damalige Pathos der Reden zur Vermählung scheint
mir allerdings auch heute noch ein wenig von jener steinernen Fahne in den Sand zu tropfen, die das im Jahr 1963 aus
diesem Anlass erbaute Denkmal stilisiert darstellt. Die Fahne
wird von ebenso steinernen Soldaten getragen und bildet im
Wind flatternd ein großes Tor, durch welches man auf das
Meer hinausblicken kann.

Doch kaum jemand würdigt heute diese Aussicht, die den
Polen einst so wichtig war, dass sie sich ihrer in zwei großen
Vermählungen versichert haben. Im Laufe der Jahre scheint
ihnen das Meer zu selbstverständlich geworden zu sein, eine
neuerliche Zwangstrennung zu unwahrscheinlich. Deswegen
überrascht es mich nicht, dass ich auf dem Aussichtsgelände
des Leuchtturms, auf dem einst die Zeremonie stattfand, nun
Fernstecher finde statt Kanonen. Allerdings muss ich zwei
Złoty-Stücke einwerfen, um den Blick auf das Meer genießen zu können. Allzu teuer ist den Polen die Aussicht nicht.
Doch in einer wahren Ehe sollte dieser Anblick umsonst sein.

Wie die Hobbits ein Dorf retteten

Dass das Dorf Sierakowo Sławieńskie nicht leicht zu finden ist, gehört zu seinem Selbstverständnis. Als ich es ziemlich entnervt nach einigen Irr- und Umwegen östlich von Koszalin endlich aufspüre, werde ich von einer Dorfbewohnerin für meinen Durchhaltewillen gelobt. Echte Hobbits zu finden sei eben kein Kinderspiel!

Ehrlich gesagt, wundert es mich nicht, dass ausgerechnet hier ein Professor der Polytechnischen Hochschule in Koszalin den Vorschlag einbrachte, ein Hobbit-Dorf aufzubauen, um damit zur Verringerung der Arbeitslosigkeit beizutragen. Was anderes wäre mir auch nicht eingefallen. Doch die Art der Umsetzung dieser Idee verdient Respekt. Unübersehbar erhebt sich rechts der Hauptstraße – viele Nebenstraßen gibt es nicht – ein eigenartiges Phantasialand im tiefsten Hinterpommern. Im ersten Moment fühle ich mich an Asterix und Obelix erinnert, als ich die vielen, um einen zentralen Platz im Kreis stehenden kleinen Hütten erblicke. Doch die Überschrift über dem Eingangstor räumt jeden Zweifel aus dem Weg: *Dorf der Hobbits* steht dort auf einem hölzernen Balken geschrieben. Darunter befindet sich eine Tafel, auf der alle Bewohner von Mittelerde vorgestellt werden: die Hobbits, die Orks, der Zwerg, Gandalf, und viele andere mehr. Besuchen können die Kinder diese Herrschaften in den Holzhütten des magischen Rings, in denen sie ihre Dienste anbieten. Die Standard-Verteidigung durch einen Ork kostet beispielsweise dreißig Goldstücke. Ein kurzes Lied, vorgetragen von einer Elfe, sieben Goldstücke, ein langes Lied zehn Goldstücke.

Im Haus der Hexe können sich die Kinder für ein paar Münzen ihr Schicksal voraussagen lassen, in der Höhle des

Drachen lernen sie Brot zu backen. Wahrscheinlich deshalb, um bei der plötzlichen Rückkehr des Drachens eine schmackhafte Alternative anbieten zu können. Seinem Selbstporträt vor dem Eingangsschild zur Höhle entnehme ich, dass er ein hinterhältiger Golddrache ist, 133 Jahre auf dem Buckel und bisher ein Ei ausgebrütet hat und ebenso gerne angreift wie küsst und spuckt. So ist das eben in der Fantasie der Kinder, die das Porträt selbst geschrieben haben. Ausschließen lässt sich in dieser Umgebung rein gar nichts. Höhepunkt im Hüttenrund ist natürlich der Besuch in der Hobbit-Hütte von Bilbo Baggins, die das Herz jedes Cineasten höher schlagen lässt. Die Vorstellung, einmal durch sein rundes, grünes Eingangsloch verschwinden zu dürfen und abtauchen zu können, wohin auch immer, beflügelt die Fantasie.

Unweit des zentralen Hobbit-Platzes treffe ich am Sitz der Hobbit-Gesellschaft auf Wiola, die normalerweise handgemachte Souvenirs auf dem Platz an die Kinder verteilt. Sie gehört zu jenen 40 Mitgliedern der Hobbit-Gesellschaft, mit der das ganze Projekt steht und fällt. Stolz zeigt sie mir in einem großen Kleiderschrank alle vorhandenen Kostüme, mit welchen die Kinder auf ihren Abenteuerpfaden erschreckt und begleitet werden. Legolas ist sehr beliebt, sagt Wiola, aber auch die gruseligen Masken der Orks. Ehrlich gesagt, schaudert es mich bei dem Gedanken, während einer Nachtwanderung durch den Wald, die die Gesellschaft anbietet, so einer Kreatur begegnen zu müssen. Aber Wiola meint, es gellten zwar dann und wann helle Aufschreie durch die Nacht, doch weinten die Kinder nur selten. Schließlich kennen die meisten ja die Geschichte und wissen, dass die Guten immer überleben.

Ums Überleben ging es im wahrsten Sinne des Wortes auch bei dem Projekt. Chancen, in dieser Region eine Arbeit zu finden, waren in den 1990er-Jahren kaum vorhanden. Die soziale Situation der Bewohner war trostlos und Zukunftsperspektiven waren nicht erkennbar. Also war Selbstinitiative gefragt, und so folgte man im Jahr 2000 dem Vorschlag jenes Professors aus Koszalin, mit der Schaffung eines Hobbit-Parks den Tourismus ins Dorf zu holen. Obwohl niemand der 216 Einwohner je das Buch „Herr der Ringe" in Händen gehalten, geschweige denn gelesen hatte, reichte die Filmvorlage aus, um die geistige Grundlage für das Projekt zu schaffen. Ein Hobbit-Dorf wurde gebaut, das seit dem Jahr 2002 mit verschiedenen Angeboten Kinder und Jugendliche aus der Umgebung, aber auch aus den erreichbaren Ferienorten am Meer hierher lockt. Für Tagesausflüge, aber auch für mehrtägige Hobbit-Camps. 40 Stockbetten stehen für die Teilnehmer zur Verfügung, und das Angebot an Naturlehrpfaden ist ebenso gruselig wie attraktiv. So erhalten die Kinder im Wald während ihres Aufenthaltes verschiedene Aufgaben, die es an fantasievoll gestalteten Stationen zu lösen gilt. Giftige und ungiftige Pilze sammeln, Bäume bestimmen, Kräuter für die Hexe suchen, oder für die Trolle einen geheimen Schlüssel aufspüren. Dabei werden die Kinder von den Einwohnern Mittelerdes unterstützt oder eben ab und an ziemlich nachhaltig erschreckt. Besonders nachts brauchen die Kinder gute Nerven, bevor sie am Lagerfeuer Würstchen oder das selbstgebackene Brot rösten dürfen.

Das Projekt hat die Dorfgemeinschaft zusammengeschweißt. Alte und junge Bewohner fanden durch ihre neue Aufgabe zueinander. Kostüme mussten entworfen, Rollen einstudiert und entsprechende Angebote entwickelt werden. Sobald eine Besuchergruppe sich anmeldet, treffen sich die Mitglieder der Gesellschaft, erstellen einen Plan und schlüpfen in ihre Rollen. Anfangs, so erzählt mir Wiola, fiel diese Art der Schauspielerei vielen Dorfbewohnern schwer, manchen war es peinlich, andere brachen ständig in Lachen aus. Doch mit der Zeit begriffen sie, dass diese Arbeit für sie auch eine Chance war, etwas Neues zu beginnen.

Leben könne man von diesen Jobs allerdings nur spärlich, meint Wiola, denn die Teilnahme an den Lehrpfaden sei billig und die Kosten zur Aufrechterhaltung des Dorfes hoch. Doch vielen der Einwohner von Sierakowo Sławieńskie habe das Projekt eine neue Perspektive gegeben. Das Wissen, für das Projekt gebraucht zu werden, ließ sie ihren Alltag strukturieren, hielt sie davon ab, zur Flasche zu greifen oder die Zeit nur vor dem Fernseher zu verbringen. Außerdem habe sich das Hobbit-Dorf in Polen bereits einen Namen gemacht. Die Gruppen reisten mittlerweile aus den entlegensten Landesteilen an, manchmal sogar aus dem Ausland, erzählt Wiola.

Das Hobbit-Dorf macht mich sprachlos. Nicht, weil es auf irgendeine Weise spektakulär oder einmalig wäre. Sicher nicht, denn genaugenommen arbeiten die Menschen hier mit einfachsten Mitteln. Das Projekt lebt von den Holzhütten, Kostümen, Fantasiegeschichten. Es trennt die Kinder im wahrsten Sinne des Wortes – mangels WLAN-Netz – eine Zeitlang vom Internet, von ihren Handys und Tablets. Wer hierher kommt, hat nur zwei Gefährten: die Fantasie und die Natur. Alles andere müssen die Kinder während der Zeit ihres Aufenthaltes selbst leisten. Es liegt an ihnen, ob sie Spaß haben oder sich langweilen, weil ihnen Pilze oder Baumrinde egal sind. Doch bei den meisten zeigt die Magie des Rings ihre Wirkung. Wer einmal den Weg gefunden hat, so erzählt mir Wiola beim Abschied, findet ihn beim nächsten Mal wieder!

Eine Stadt, die keine ist

Einige Kilometer vor Borne Sulinowo, das 18 Kilometer süd-westlich von Szczecinek liegt, nimmt die Infrastruktur sicht-bar ab. Kaum noch Häuser, kaum Lebenszeichen. Bis 1992 war dieser Ort auch auf keiner polnischen Landkarte einge-zeichnet. Er existierte im Geheimen. Aus gutem Grund.

In Borne Sulinowo waren zwischen 1945 und 1992 über 12.000 russische Soldaten und 5.000 Zivilisten stationiert, die hier, umgeben von einer Mauer und abgeschottet von der Umgebung, den Warschauer Pakt repräsentierten. Selbst in ihre Heimat nach Russland fuhren sie in verblombten Zü-gen, abgeschottet von jedem Kontakt zur Außenwelt. Der Truppenübungsplatz gehörte zu den größten des Warschauer Paktes. Den Strom, die Unterkünfte und Verpflegung finan-zierte der polnische Staat. Dass in der Nähe der Stadt sogar mit nuklearen Sprengköpfen bestückte Raketen stationiert waren, gilt als wahrscheinlich. Nachdem die russische Ar-mee 1992 abgezogen war, wurde die Garnisonsstadt an Polen übergeben, die verlassenen Kasernen und Gebäude erhielten Stadtrechte.

Aber wie macht man aus einer Kaserne eine Stadt? Als ich Borne Sulinowo erreiche, merke ich sofort, dass hier ein-mal ein anderer Wind wehte. Wer einmal in einer Kaserne gedient hat, spürt diesen Charakter auf Schritt und Tritt. Ein Zentrum, geschweige denn einen Marktplatz, gibt es nicht. Es überwiegen breite, lange, meist gebogene Straßen ohne harte Ecken. Eine von ihnen führt an riesigen Speichern aus Ziegeln vorbei, aus deren Ruinen Löcher wie erloschene Au-gen auf mich blicken. Gesund sieht das nicht aus. Kann man hier leben? Andere Gebäude, in denen ebenfalls einst Solda-ten untergebracht waren, wurden renoviert, tun so, als wären sie neu. In der Hauptstraße, die vor dem Krieg den Namen Hitlerstraße trug, später den Namen des russischen Soldaten Iwan Poddubnyj, und heute Aleja Niepodległości ("Allee der Unabhängigkeit") heißt, deuten ein paar kleinere Geschäfte Normalität an. Ein Lebensmittelladen, ein Gebrauchtwarenladen, ein Postamt, ein Schuhgeschäft, ein Optiker. Die größten Arbeitgeber im Ort sind ein Krankenhaus und ein Altersheim.

Als die Stadt 1993 an Polen übergeben wurde, warb man Geschäftsleute an und erließ ihnen bei Niederlassung sieben Jahre die Steuern. Vor allem aber kamen Rentner, welche den Ort als Naturparadies schätzten und hier ihren Lebensabend verbringen wollten. Über 30 % der knapp 5000 Einwohner sind heute Rentner, die die gute Qualität der über 50 Seen um den Ort herum ebenso genießen wie die frische Luft.

Ich fühle mich unwohl beim Gang durch diesen Ort. Obwohl es warm ist, friere ich ein wenig. Die Frage "Wer bist Du?" liegt mir auf den Lippen.

Früher existierte hier ein Dörfchen namens Linde, daneben der Ort Groß Born. Ich finde sogar eine alte Straße, die noch "Lindenstraße" heißt und in ihrer Umgebung wie ein Freilichtmuseum wirkt. Die Nationalsozialisten bauten die Gegend in den 1930er-Jahren zu einem Militärstützpunkt mit Truppenübungsplatz aus, dem das Dorf Linde weichen musste. Ein prächtiges Offizierskasino mit Blick auf den See und einem Ballsaal für 1.000 Gäste wurde errichtet, ebenso Offiziersheime, ein Krankenhaus und ein Kino. Hitler selbst nahm 1936 die Schlüssel der neuen Garnisonsstadt in Empfang. Im Zweiten Weltkrieg erfolgten hier die Aufstellung des Afrikakorps von General Erwin Rommel sowie die Planung des Angriffs auf Polen durch Panzergeneral Heinz Guderian. Die Villen von beiden sind erhalten, Letztere aber nur als Ruine.

Die meisten der prächtigen Gebäude von damals haben den Krieg und auch die russische Zeit danach überlebt. Nicht aber die Übergabe an Polen im Jahr 1993. War es die Wut auf die verhassten Besatzer, die zur Plünderung und Zerstörung dieser Schätze führten?

Im kleinen Militärmuseum der Stadt treffe ich dessen Kurator Andrzej Michalak, der seit 20 Jahren in einem der alten deutschen Häuser wohnt und in seinem Museum alles sammelt, was irgendwann irgendwo auf dem Gebiet von Borne Sulinowo gefunden wurde. Alte Schießstände für Maschinengewehre, Wachhäuschen, Grabsteine, Geschirr, Gewehre und Pistolen, Helme, Schuhe, einfach alles. Von Russen, von Deutschen, das ist ihm nicht wichtig. Andrzej ist schnell anzumerken, dass er den Polen die Plünderungen Anfang der 1990er-Jahre übel genommen hat. „Die Deutschen hätten es sich zweimal überlegt, ob sie solche Werte zerstören – wahrscheinlich hätten sie eine Touristenattraktion daraus gemacht!", sagt er. Nicht aber die Polen. Selbst die möbliert hinterlassenen Wohnungen wurden ausgeräumt und verwüstet.

Am schlimmsten hat es das einstige Offizierskasino getroffen. Ich finde es am Ufer eines Sees, nur die Grundmauern stehen noch. Ich brauche nicht viel Fantasie, um mir vorzustellen, welche Pracht dem Gebäude einst innegewohnt haben muss. Wie zur Bestätigung zeigt mir Andrzej alte Fotos, auf denen der Ballsaal noch unversehrt ist. Mehrere Kronleuchter hingen von den Decken, auf einem Balkon in der Wand konnte ein kleines Orchester spielen. Heute hört man hier bestenfalls das Zwitschern der Vögel.

Während ich durch die verfallenen Gänge der Ruine stolpere, überkommt mich ehrliche Trauer. Musste das sein? Hätte man nicht begreifen können, welchen Wert ein solcher Ort für die Stadt haben könnte? Heute steht die Ruine zum Verkauf. Nicht teuer, doch der Denkmalschutz fordert die Instandsetzung des Ballsaals. Ein Ding der Unmöglichkeit. Der polnische Besitzer weilt längst in England. Hoffnung auf Zukunft gibt es für diesen Ort nicht.

An der östlichen Ausfahrtsstraße von Borne Sulinowo lässt mich ein sonderbares Grab, das von der Straße aus zu sehen ist und auf dem ehemaligen sowjetischen Friedhof liegt, eine Vollbremsung hinlegen. Statt eines Kreuzes erhebt sich eine überdimensionale Hand samt Maschinenpistole zwei Meter aus dem bunt bemalten Grabstein in den Himmel. Ein Scherz, möchte man meinen, doch die Geschichte, die dazu kursiert, ist ebenso traurig wie skurril. Im Jahr 1946 hatten ein paar angetrunkene Russen in einem umliegenden Dorf Deutsche vermutet und es mit Maschinengewehren angegriffen. Allerdings stellten sich die Deutschen als Polen heraus, die dem Angriff Widerstand leisteten, und zwar mit Panzern. 300 Russen starben, 16 Polen. Auch der betrunkene russische Anführer namens Iwan Poddubnyj fiel seiner Schnapsidee zum Opfer, bekam allerdings später von den Russen besagtes Heldengrab gestiftet.

Ich bin mir sicher, Borne Sulinowo hätte mir noch eine Menge weiterer Geschichten dieser Art zu erzählen, von denen die meisten traurig wären, wohnte ihnen nicht eine gewisse Komik inne. Doch ich beende meinen Ausflug, lasse den Abend im russischen Restaurant „Sasza" ausklingen. Der Inhaber lebte einst im russischen Borne Sulinowo, kehrte nach kurzem Zwischenstopp in seiner Heimat wieder zurück und eröffnete ein Restaurant, das einer russischen Enklave gleicht. Nichts hier lässt vermuten, dass ich mich in Polen befinde. Die Einrichtung, die alten Fotos an der Wand, die Samoware und Matrjoschki auf den Regalen, selbst der Geruch im Saal scheint noch aus sowjetischen Zeiten zu stammen. Ein Flachbildschirm überträgt russisches Fernsehen, allerdings ohne Ton. Es gefällt mir hier, denn der Ort wirkt authentisch. Ich bestelle auf Russisch eine „Soljanka" und „Pelmeni auf sibirische Art". Sasza verzieht keine Miene. Für ihn ist das selbstverständlich. „Prijatnogo appetita!", wünscht er, als er das Essen bringt. Im Hintergrund läuft russische Musik, die eine eigenartige Form von Sehnsucht transportiert. Nur – wonach?

PAŃSTWOWE
GOSPODARSTWO ROLNE
W GRABINKU

Ein PGR-Museum als Überlebensstrategie

Auf meiner Reise durch das ländliche Westpolen fallen mir immer wieder eigenartige Wohnsiedlungen auf. Sie erheben sich im freien Feld aus dem Nichts und ähneln in ihrer Form nebeneinander aufgestellten, langgezogenen Bauklötzchen. Die meisten der Gebäude bestehen aus zwei Stockwerken, die nicht immer den Eindruck machen, bewohnt zu sein.

Die Geschichte hat diese Siedlungen zurückgelassen aus einer Zeit, in der sie Ausdruck eines politischen Programms waren. „Wieś Popegeerowska" nennen die Polen eine solche dorfähnliche Ansiedlung heute. Ein „Dorf aus Nach-PGR-Zeiten" sozusagen, und allein die Bezeichnung macht deutlich, dass die Menschen hier von der Vergangenheit leben müssen.

Einige Kilometer westlich von Szczecinek in Hinterpommern stoße ich auf den kleinen Ort Bolegorzyn, der sich rühmen darf, das „erste PGR-Museum Polens" errichtet zu haben. Die PGRs in Polen entsprachen zu kommunistischen Zeiten den Landwirtschaftlichen Produktionsgenossenschaften der DDR und wurden vom Staat eingerichtet, um insbesondere die von Deutschland übernommenen Gebiete landwirtschaftlich zu nutzen. So befand sich in Bolegorzyn vor dem Krieg das Gut Bulgrin, aus dem die deutschen Bauern 1945 vertrieben worden waren. 1965 wurde auf dem Gebiet eine PGR eingerichtet und aus anderen Landesteilen wurden Bauern angesiedelt, die hier eine neue Arbeit fanden. 300 Menschen arbeiteten bis zum Fall des Kommunismus auf einem 2.500 Hektar großen Areal, wobei einen Schwerpunkt der Arbeit die Schafzucht bildete. Die PGR bot den Beschäftigten Wohnungen, Unterhalt und viele Annehmlichkeiten, um das Leben hier attraktiver erscheinen zu lassen. Doch der

Fall des Kommunismus läutete auch ihr Ende ein. 1991 wurden sie aufgelöst.

Im ehemaligen PGR-Kulturhaus treffe ich Bożena Kulicz, die seit 1998 Gemeindevorsteherin ist und die treibende Kraft bei der Einrichtung des Museums war. Die Lage der Arbeiter nach der Schließung der PGR beschreibt sie als trostlos. Die meisten hatten nicht genug Geld, ihre Wohnungen zu kaufen, stürzten in die Arbeitslosigkeit und griffen zur Flasche. Ein zusätzliches Problem bestand in der Tatsache, dass fast die Hälfte der Bewohner des abgelegenen Ortes aus Kindern bestand. Die Schulwege waren lang, die Perspektiven aussichtslos. Die meisten Menschen, so erzählt mir Bożena, saßen in den 1990er-Jahren mit der Bierflasche zu Hause vor dem Fernseher und weinten. Das Leben im Dorf war eine einzige Tragödie.

Bei ihrem Amtsantritt 1998 versuchte Bożena Kulicz, die Not der Kinder und Jugendlichen durch gesellschaftliche Veranstaltungen zu lindern. Im Kulturhaus organisierte sie Feste, ließ den Nikolaus kommen oder versammelte die Bewohner zu Bastelabenden. Als im Jahr 2004 Gelder der EU für dörfliche Bürgerinitiativen bereitgestellt wurden, bewarb sie sich. Das Motto der damaligen Ausschreibung lautete „Aus der Vergangenheit bauen wir Zukunft". Die einzige Vergangenheit, die Bolegorzyn vorzuweisen hatte, war seine PGR-Geschichte. Und so entstand die Idee zu dem Museum, mit der man sogar einen Preis gewann. Ein zweiter Wettbewerb 2007 führte schließlich ein Jahr später zur Eröffnung des „ersten PGR-Museums in Polen" in Bolegorzyn. Bożena ist sichtlich stolz auf das Erreichte, auch wenn ein solches Museum nicht alle Probleme lösen konnte. Immerhin kam selbst der damalige Ministerpräsident Donald Tusk zu Besuch, was eine Fotogalerie dokumentiert.

Die Begeisterung der Dorfbewohner damals war groß. Jeden Tag, so sagt mir Bożena, brachten die Menschen Gegenstände, Möbel oder landwirtschaftliches Handwerksgerät vorbei, um sie als Ausstellungsstücke zur Verfügung zu stellen. In den Räumen des Museums können sich die Besucher bis heute davon überzeugen. Dutzende alter Fernseher, Radiogeräte oder Schallplattenspieler stehen in den Regalen. Diverse Schermaschinen für Schafe finde ich ebenso wie Reste ihrer Wolle. Der Gang durch das Museum gleicht einer Zeitreise in die Alltagskultur der 1970er- und 1980er-Jahre des letzten Jahrhunderts. Alte Küchenmaschinen stehen neben Geschirr und Behältnissen, dazwischen die in jeder Wohnung vorhandenen einfachen Vorrichtungen zum Schnapsbrennen. Dabei gibt es keine Beschriftungen, Erklärungen oder sonstige Tafeln im Museum. Jeder weiß schließlich, was hier steht. Die Ausstellung spricht für sich.

Besonders eindrucksvoll erscheint mir ein großformatiger Band mit der kaum übersetzbaren Aufschrift *Buch verdienter Menschen der Arbeit*. Darin finde ich auf jeder Seite eine Art Urkunde, mit der ehemalige Arbeiter und Arbeiterinnen der PGR ausgezeichnet wurden. Sie enthalten Begründungen wie „Sie hat sehr gute Ergebnisse erzielt in der Kälberaufzucht" oder „Sie hat durch ihre Arbeit zur Vermehrung der Kuhherde beigetragen" oder „Er ist immer gewissenhaft und pflichtbewusst bei seiner Arbeit". Auf diese Weise wurden die Arbeiter damals motiviert. Viele von ihnen sind bis heute stolz auf ihre Verdienste, erzählt mir Bożena. Manche sehnten sich sogar nach den alten Zeiten zurück. Schließlich gab es gutes Geld für relativ wenig Arbeit. Dazu jede Menge Auszeichnungen in Form von Urkunden, Medaillen oder Orden, die jetzt massenweise im Museum aushängen.

Heute hat sich die Lage im Dorf etwas entspannt. Nach einer harten Übergangszeit haben die meisten Menschen hier das Rentenalter erreicht und können halbwegs von ihrer Rente leben. Andere haben anderswo eine Arbeit gefunden. Es ist weniger die materielle Not, die die Menschen bedrückt, als vielmehr die Tatsache, dass jene, die bis heute in ihren Wohnungen leben, auf ihre alten Felder blicken, die größtenteils ungenutzt sind und verwahrlosen. Als ich Bożena nach dem Grund dafür frage, wirkt sie resigniert. Viele der Felder wurden in den 1990er-Jahren an Spekulanten verkauft, und da die Agrarsubventionen der EU auf den damaligen Wunsch Polens allein pro Hektar Grundbesitz gezahlt werden, haben die Spekulanten gute Geschäfte gemacht. Eigentlich sind die Auszahlungen mit einer landwirtschaftlichen Nutzung des Bodens verbunden, aber wer vermag das schon zu kontrollieren. So bekommen die Grundbesitzer Geld, ohne de facto etwas dafür tun zu müssen. Anderen, die den Grund gerne bewirtschaften würden, fehlt hingegen das Geld, ihn zu kaufen. Ein Teufelskreis, der bis heute zu den größten landwirtschaftlichen Problemen Polens zählt. Obwohl der Ort versucht hat, mit dem Museum über seine Vergangenheit ein Projekt für die Zukunft zu schaffen, bleibt Letztere dennoch ungewiss. Viele junge Menschen haben Bolegorzyn längst verlassen, zurück kommt selten jemand. Wenn die alten Menschen eines Tages sterben, bleibt nichts zurück als die Bauklötzchenhäuser, von denen viele in Polen schon leer stehen oder abgerissen wurden.

Nach meinem Abschied von Bożena spaziere ich noch einmal durch den Ort. Tatsächlich sind noch fast alle Wohnungen belegt, und auch die kleinen Privatställe, die einst privilegierter Bestandteil der PGR-Wohnungen waren, werden noch auf verschiedene Weise genutzt, als Abstellkammer, Werkstatt oder Aufbewahrungsraum. Tiere sehe ich keine. Hier und dort sitzt ein Rentner auf einer Bank vor seinem Block und raucht eine Zigarette. Wenn sie mich sehen, geht ihr Blick ins Leere. Es ist ihnen längst egal, was andere über sie denken oder über das Museum schreiben. Neues erwarten sie in ihrem Leben nicht mehr.

KUDŁY
GRZEBIEŃ
CZOŁOMYJE
ŚLEPKI
OKO
NOSEK
RĄCZKI
JĘZOR
RĘKAWKI
PALUSZEK
ZĄBKI
PARASOLKA
BIAŁA NOGA
BRZUCHOWO
CYCÓW
NERKI
CZEPIEC
WĄTROBOWO
NORKI
JEDWABNO
KORONKA
KOŹUSZKI
AKSAMITY
GOLEŃ
BUT
STOPKI

Ziellos im „Park der Wegweiser"

Polen, insbesondere auch Westpolen, hat eine im wahrsten Sinne des Wortes bewegte Geschichte. Grenzen haben sich verschoben, Menschen begaben sich auf die Flucht, wurden vertrieben oder umgesiedelt. Auch wenn der Anlass meist ein trauriger war, so war das Leben vieler Generationen vom Reisen und von Ortsveränderungen geprägt.

In dem kleinen Ort Witnica, einige Kilometer westlich von Gorzów Wielkopolski, stoße ich auf einen idyllisch angelegten Park, der sich in einer Ausstellung unter freiem Himmel diesem Phänomen gewidmet hat und Besucher zu einer Reise durch die Welt des Reisens einlädt. Witnica, das selbst an der historischen Reiseroute zwischen Aachen, Berlin, Königsberg und Sankt Petersburg liegt, bietet sich als Ort dafür geradezu an.

Park der Wegweiser und Meilensteine der Zivilisation steht auf dem Torbogen geschrieben, durch welchen ich mich auf die Spuren menschlicher Mobilität und Erfindungsgeschichte begebe. Die Atmosphäre des Parks ist dabei wie geschaffen für einen solchen Ausflug. Das Zwitschern der Vögel in den Bäumen lädt geradezu ein, abzutauchen in vergangene Zeiten, als die Menschen sich noch auf Holzrädern fortbewegten oder Meilensteine jene Funktion ausübten, die ihnen heute von kleinen Apps auf dem Handy abgenommen werden.

Der „Park der Wegweiser" geht auf eine Initiative des Geschichtslehrers und Regionalhistorikers Zbigniew Czarnuch zurück. Gemeinsam mit der „Gesellschaft der Freunde von Vietz" hatte er Anfang der 1990er-Jahre diese Idee zu einem Wettbewerb unter dem Motto „Heimat(en) – Tradition für die Zukunft" eingereicht und dafür ein nicht unerhebliches Preisgeld erhalten. Das Geld wurde in die Umsetzung des

Projektes investiert und seit 1994 wird der Park ständig durch neue Exponate erweitert.

Ich brauche nicht lange zwischen den Bäumen zu flanieren, um festzustellen, dass die Interpretation des Reisens und der Zivilisationsgeschichte an diesem Ort einer breiten Auslegung folgt. So finde ich es erstaunlich, dass ich ausgerechnet hier, im kleinen Örtchen Witnica, die Geschichte des Kartoffelanbaus ebenso vorgeführt bekomme wie die Entwicklung der menschlichen Fortbewegung auf Rädern, des Telefons oder des Fernsehens. So erfahre ich unter anderem, dass das erste Radio in Polen 1925 ertönte und das polnische Wort „rower" für Fahrrad auf die englische Firma „Rover" zurückgeht. Damit man auf dem Weg durch die, zugegeben, ziemlich vereinfacht dargestellte, Zivilisationsgeschichte nicht die Orientierung verliert, gliedert sich die Ausstellung in mehrere Teilbereiche, die versuchen, Antworten auf folgende Fragen zu geben: Wie wurde der reibungslose Verlauf einer Reise gewährleistet? Was erreichte Witnica Gutes und Schlechtes auf diesem Weg? Welche Überraschungen erwarten einen Reisenden auf seinem Weg?

Trotz dieser an sich ordentlichen Gliederung habe ich mich schnell zwischen den Bäumen in den Antworten verlaufen. Vielleicht bräuchte es diese Fragestellungen auch nicht, denn die Exponate und Wegweiser reichen aus als Inspirationshilfe, um den nach Antworten Suchenden zu befriedigen. Besonders angetan haben es mir die vielen, teils noch aus deutschen Zeiten stammenden Wegweiser und Hinweisschilder. Unmittelbar nach Kriegsende 1945 waren manche von ihnen in drei Sprachen verfasst, um der historischen Situation in den nun polnisch gewordenen deutschen Ostgebieten gerecht zu werden. So standen die alten deutschen Hinweisschilder neben zunächst improvisiert angebrachten russischen und etwas später auch noch neben polnischen Bezeichnungen, um den Reisenden und Zielsuchenden die Orientierung zu erleichtern. Die auf dem Steinboden einer Installation memorierten

Namen geben dabei einen Überblick über all jene Orte, in welchen sich die aus dem deutschen Ort Vietz vertriebenen Deutschen nach 1945 niederließen, aus welchen Orten die neuangesiedelten Polen in das nun polnische Witnica kamen und wohin später viele Polen von hier auswanderten. In wenigen Schritten habe ich so die ganze Welt umrundet. Von Australien oder den U.S.A. über Darmstadt, Hannover oder Berlin nach Posen oder Zamość. Eindrucksvoll wird durch die Installation das weltumspannende Kommen und Gehen der Menschen aus dem kleinen Ort Witnica während des 20. Jahrhunderts veranschaulicht. Und nicht nur einmal bleibe ich stehen und versuche, mir die Migrationsbewegungen im Zeitraffer vorzustellen. Auch die zur Zeit totalitärer Systeme von Menschenhand errichteten künstlichen Grenzen spiegeln sich in Form von Stacheldraht oder Wachhäuschen in den Parkexponaten wider. Das Gute und das Schlechte stehen nebeneinander, manch ein Reisender fand sein Glück, manch anderer nicht.

Der Park hat seine Aufgabe erfüllt, auch wenn ich dafür die Geschichte des Kartoffelanbaus nicht gebraucht hätte. Dieser Ort hat mir auf ebenso unaufdringliche wie eindringliche Weise vorgeführt, wie vielschichtig das Reisen interpretierbar ist, wie schön, aber auch wie tragisch diese Form der Bewegung sein kann. Außerdem steht der Park zugleich als gelungenes Beispiel dafür, wie ehemalige deutsche Bewohner des Ortes Vietz gemeinsam mit den heutigen polnischen Bewohnern von Witnica einen Ort der Erinnerung gestaltet haben, der symbolhaft ein herzliches und lebendiges Verhältnis zwischen Vergangenheit und Gegenwart zum Ausdruck bringt.

Am Ende meines Spaziergangs stehe ich vor einem Schilderwald, in dem sich Dutzende kurioser Ortsnamen wiederfinden, die sich alle in einem polnischen Ortsatlas nachweisen lassen. Die Abteilung „Überraschung" jedenfalls hat hier ganze Arbeit geleistet: So kann man in Polen von der „Oberhölle" (Piekło Górne) in die „Unterhölle" (Piekło Dolne) reisen, seinen „letzten Groschen" (Ostatni Grosz) in Betlejem ausgeben oder mit „Schiefem Hals" (Szyja Krzywa) einem „Bordell" (Burdel) einen Besuch abstatten. Die Vielfalt und Originalität polnischer Ortsnamen verschlägt mir die Sprache und mit meinem Lachen stehe ich nicht allein vor den Schildern. Selbst polnische Besucher neben mir können kaum glauben, was die Karte ihres Landes so alles zu bieten hat. Die Ortsnamen „Schnitzel" (Schaby), „Piroggen" (Pierożki), „Klöße" (Kluski) und „Krapfen" (Pączek) erinnern mich schließlich an jenen altbekannten Spruch, dass Reisen hungrig macht. Und so breche ich auf, verlasse den „Park der Wegweiser" und suche ohne Hilfe von Schildern nach einem Restaurant in der Nähe.

Was vom Krieg nicht übrig blieb oder: eine Freundschaft ohne Worte

Jeden Monat bringt Karl-Heinz Henschel, der 1939 mit seiner Familie von Küstrin nach Küstrin-Kietz gezogen ist, eine Schachtel Pralinen, ein Päckchen Kaffee und eine Flasche Rotwein über die Oder. Während Küstrin-Kietz nach 1945 bei Deutschland blieb, heißt sein Geburtsort Küstrin heute Kostrzyn. Vor über zehn Jahren hat er durch Zufall jene Frau kennengelernt, die jetzt in seinem Geburtshaus wohnt. „Kennengelernt" ist dabei übertrieben, eher getroffen. Sie spricht kein Deutsch, er kein Polnisch. Sie reden nicht miteinander, sie saßen noch nie gemeinsam an einem Tisch. „Wie auch", erzählt mir Henschel, „wo wir uns doch ohnehin nicht unterhalten können." Allein durch ein Lächeln und ein Wangenküsschen drückt sich Dankbarkeit der Frau für diese seltsame Treue aus. Karl-Heinz Henschel genügt es. Er besucht die Frau bis heute. Jeden Monat. Auf die Frage, warum er das tut, antwortet er mir lapidar: Sie freue sich. Es sei seine Art, auf diese Weise eine Brücke zu seinem ehemals deutschen Geburtsort auf der anderen Seite der Oder zu bauen, in dem er als Kind aufwuchs. Die Frau könne ja nichts dafür, dass dieses Haus jetzt zu Polen gehöre. Schließlich seien es die Deutschen gewesen, die den Krieg angefangen hätten.

Obwohl ich Karl-Heinz Henschel erst seit wenigen Minuten kenne, empfinde ich schon Respekt für diesen Mann, der 1926 in Cüstrin, wie es sich damals schrieb, zur Welt kam und seine Kindheit in jener Altstadt verbrachte, durch die wir gerade spazieren. „Hier", sagt Henschel, „stand damals das Haus der Bäckerei Tränkler, dort vorne der Laden des Friseurs Wollenberg." Doch an der Stelle, auf die Henschel hindeutet, sehe ich nur einen von Büschen bewachsenen Mauerrest. Überhaupt gleicht das ganze Areal einem wilden Park aus Hügeln, die durchsetzt sind von Mauern und Steinen, aus denen ab und an eine Treppe hinausführt ins Nichts. Die Anordnung der Hügel entspricht den einstigen Häuserblocks, die durch breite Wege voneinander getrennt sind. Einst fuhren hier Autos und Straßenbahnen, heute tummeln sich auf ihnen Spaziergänger und Touristengruppen.

Der Park bildet das traurige Gerippe jener Altstadt von Küstrin, in der Karl-Heinz Henschel aufgewachsen ist. Das Wort „Stadtpark" offenbart sich mir plötzlich in tragischer Bedeutung.

Manchmal wird Küstrin als das „Polnische Pompeji" bezeichnet. Der Vergleich ist treffend. Nur dass die Zerstörung der Stadt nicht auf einen Vulkanausbruch zurückzuführen ist, sondern auf den Zweiten Weltkrieg. Anfang 1945 wurde die Stadt zur Festung erklärt, woraufhin über 90 % der Bausubstanz durch die Rote Armee in Schutt und Asche gelegt wurde. Bis auf ein Haus blieb keines unversehrt. Und was sonst noch an Häuserresten in den Himmel ragte, wurde nach dem Krieg systematisch ausgeplündert und abgetragen. Auch jenes berühmte Schloss, vor dem 1730 Hans Hermann von Katte auf Befehl von König Friedrich Wilhelm I. enthauptet wurde, ist nur noch in Umrissen unter dem Grasmantel der Natur zu erahnen. Damals zwang der preußische König seinen Sohn Friedrich, zur Strafe für dessen Fluchtversuch aus den Ketten des strengen königlichen Alltags der Enthauptung seines besten Freundes zuzusehen. Später setzte Theodor Fontane in den „Wanderungen durch die Mark Brandenburg" diesem Ereignis ein literarisches Denkmal. Mindestens fünf Köpfe hätte Katte haben müssen, erzählt mir Henschel, weil es so viele unterschiedliche Angaben darüber gibt, wo die Enthauptung genau stattgefunden haben soll. Doch angesichts der Stein- und Hügellandschaft um mich herum scheint mir das Fehlen einer exakten Stelle nebensächlich.

Es dauert einige Zeit, bis ich das Ausmaß der Kriegszerstörungen hier zu begreifen vermag. Die Schilder, die in deutschen und polnischen Namen jene Straßen ausweisen, die einst durch den Kern der Altstadt verliefen, geben mir Hilfe bei der Orientierung. Weberstraße, Kaminkehrerstraße, Predigergasse, Berliner Straße, Renneplatz. Ein alter Stadtplan führt mir vor Augen, wie dicht bebaut hier alles einmal war. Während ich versuche, die Stadt von einst mit der Steinhügellandschaft von heute in Einklang zu bringen, höre ich, wie Karl-Heinz Henschel mir an jeder Ecke erzählt, was sich einst in seiner Kindheit hinter den Steinhaufen von heute verbarg. Die Knabenmittelschule, die Marienkirche, der Schlossplatz. Henschel spaziert bis heute durch seine Stadt von damals, ohne sich an den Steinresten zu stören. Im Gegenteil. Er war immer dafür, alles so zu belassen, wie es ist. Eine bessere Gedenkstätte für den Krieg könne es nicht geben, meint er. Vom Wall der Bastion, der den Namen des hingerichteten Katte trägt, blicken wir auf die Oder und gleichzeitig auf die heutige Staatsgrenze. Eigentlich, meint Henschel, müsste die Stadt „Küstrin an der Warthe" heißen, denn die heutige Neustadt liegt an der Warthe. An der Oder gebe es ja nur noch diese Ruinen. Obwohl er dabei lacht, meint er es irgendwie ernst.

Erst in dem kleinen Museum, das sich in einem der erhaltenen Teile der Bastion befindet, spüre ich, wie ihn die Vergangenheit emotional einholt. Minutenlang verharrt er schweigend vor einem digitalen Bild, das abwechselnd aus jeweils gleicher Perspektive die einstige Altstadt zeigt und anschließend ihr heutiges Aussehen. Ein Seufzer entfährt ihm, mehr nicht.

Wir fahren zu seinem Geburtshaus wenige Kilometer von der Altstadtruine entfernt. Der Zufall will es, dass jene Frau, die er monatlich besucht, sich gerade aus dem Fenster lehnt und eine Zigarette raucht. Sie winkt, als sie Karl-Heinz Henschel sieht, und kommt sofort heraus. Beide nehmen sich in den Arm, aber sie unterhalten sich nicht. Sie sind das Schweigen gewohnt. Ich biete an zu übersetzen, und die Frau macht große Augen. Wirklich? Ich solle dem Mann sagen, dass der Schnaps, den sie ihm letztes Mal geschenkt habe, erst im Dezember getrunken werden soll. Dann sei er besser. Eine Bekannte von ihr habe ihn selbst gemacht. Und: Er solle doch mal auf einen Kaffee mit in die Wohnung kommen, weil er immer so nett und herzlich sei, obwohl sie nicht miteinander sprechen können. Henschel stimmt zu. Aber nicht zu spät am Nachmittag, sonst könne er abends nicht einschlafen. Ich überlege, wer wohl schneller die Sprache des anderen lernen könnte, um dieser seltsamen Freundschaft eine Stimme zu geben. Aber beide winken ab. Dafür sei es zu spät. Sie nehmen sich noch einmal in den Arm und wir verabschieden uns. Als ich Herrn Henschel im Auto frage, wie die Frau eigentlich heißt, klopft er sich erschrocken auf die Schenkel. Stimmt, genau das wollte er sie schon immer fragen! Jetzt hat er es wieder vergessen.

Ich weiß nicht, ob ich nur lachen oder zurückfahren und nachfragen soll. Doch Karl-Heinz Henschel muss dringend nach Hause. So wichtig sei die Frage schließlich auch nicht. Eine Freundschaft müsse nicht unbedingt beim Namen genannt werden. Ihm reiche das glückliche Gesicht der Frau vollkommen, wenn er mit seinem Päckchen anreist.

Am Ende des Tages fahre ich alleine mit dem Auto aus dem deutschen Küstrin-Kiez wieder ins polnische Kostrzyn zurück. Die beiden Menschen, die ihre Freundschaft über die Oder pflegen, ohne zu wissen, wie der andere heißt, gehen mir nicht aus dem Kopf. Ihnen habe ich es zu verdanken, dass ich am Abend noch einmal entspannt durch den „Stadtpark" spazieren und den Mauerresten im Licht des Sonnenuntergangs eine gewisse Schönheit nicht absprechen kann. Als plötzlich auch noch mehrere hundert Gänse in ohrenbetäubender Lautstärke über den Grenzfluss fliegen, um sich im nahegelegenen Areal des Nationalparks Warthemündung niederzulassen, vergesse ich für einen Moment die Geschichte dieses Ortes. Karl-Heinz Henschel hat Recht. Der Park sollte bleiben. Zum Gedenken an die Geschichte und zum Ausruhen in der Gegenwart.

Ein Denkmal zum Nachdenken

Mitten auf dem Marktplatz des kleinen Ortes Mieszkowice, der im Süden der Woiwodschaft Westpommern liegt, steht ein eigenartiges, nicht zu übersehendes Denkmal. Eigenartig deshalb, weil der Sockel und die auf ihm stehende Figur aus unterschiedlichen Zeiten zu stammen scheinen. Das Denkmal wirkt auf mich inhomogen, irgendwie gestückelt. Wer die Figur nicht schon von weitem erkannt hat, muss ganz nah herantreten, um die auf neuerem Putz provisorisch eingeritzte Inschrift entziffern zu können: *Mieszko I. 962 – 992* steht auf einer Seite geschrieben. Auf der anderen Seite heißt es in noch unleserlicheren Lettern: *Zur Tausendjahrfeier der Entstehung des polnischen Staates. Die Bürger von Mieszkowice und Choina.* In polnischer Sprache selbstverständlich. Vor dem Krieg muss hier eine andere Figur gestanden haben. Aber welche?

Ich mache mich auf die Suche. Frage alte Menschen in den Straßen, ob sie sich vielleicht daran erinnern. Aber das ist unmöglich. Niemand von ihnen hat vor 1945 hier gelebt, alle, die ich frage, stammen aus Ost- oder Zentralpolen. Auch im Rathaus kann man mir nicht weiterhelfen. Ein Angestellter macht sich sogar die Mühe, jene letzte deutsche Bürgerin anzurufen, die bis heute noch in Mieszkowice wohnt. Doch auch sie kann sich nicht mehr an das alte deutsche Denkmal erinnern. Kein Wunder, sagt mir der Angestellte, die Frau ist schon sehr alt und leidet an Demenz.

In der örtlichen Bibliothek finde ich kleinere Veröffentlichungen und Bücher über die Geschichte des Ortes Mieszkowice. Aber nichts über das alte deutsche Denkmal. Dafür erfahre ich, dass der Ort vor dem Krieg *Bärwalde* hieß, weil die Ortsgründung vermutlich auf das Rittergeschlecht der

Behrs zurückgeht, das hier im 13. Jahrhundert gelebt haben soll. Aber Genaues weiß man nicht. Bis heute jedenfalls zieren das Wappen des Ortes zwei Bären, die ihre Krallen an einem Baum wetzen. Ob ich die polnische Anekdote zu dem Wappen kenne, fragt mich die Bibliothekarin und reicht mir ein schön illustriertes Büchlein. Darin abgebildet finde ich eine Legende des ersten polnischen Herrschers und Staatsgründers Mieszko I., der unweit von hier im 10. Jahrhundert angeblich zwei große Bären unter einer Eiche erlegt haben soll. Ihnen zu Ehren habe er eine kleine Bastion erbauen lassen und dem Ort den Namen „Mieszkowice" gegeben. Jeder Erwachsene, der nach 1945 hier zur Schule gegangen ist, kenne diese Legende, erzählt mir die Angestellte. Schließlich diente sie als Beweis dafür, dass der seit 1945 zu Polen gehörende Ort eigentlich eine urpolnische Gründung sei, viel älter als die Zeit der deutschen Besiedlung.

Der Ort Mieszkowice mag in Bezug auf seinen Namen ein Musterbeispiel dafür sein, wie in den Jahren unmittelbar nach Ende des Zweiten Weltkriegs die deklarierte „Rückkehr der wiedergewonnenen Gebiete zum polnischen Mutterland" in die Praxis umgesetzt wurde. Durch diese Art der Umbenennung erhielten alle Orte in den ehemals deutschen Gebieten eine neue, freilich rein äußere, polnische Identität. Überhaupt wurde alles, was an deutsche Zeiten erinnerte, nach der Vertreibung der deutschen Bevölkerung eliminiert. Stattdessen sollten polnische Ortsnamen bei jenen Polen, die selbst aus ihrer ostpolnischen Heimat vertrieben worden waren und sich nun im Westen neu ansiedeln mussten, ein Gefühl der Geborgenheit hervorrufen. Durch Parolen wie „Rückkehr in urpolnische Gebiete" oder „Rückkehr in den Mutterschoß" wurde zugleich die Sicherheit suggeriert, diese Gebiete nie wieder aufgeben zu müssen.

Um die „Repolonisierungsmaßnahmen" mit einer nachvollziehbaren Theorie zu belegen, verwies man darauf, dass diese Gebiete im 10. und 11. Jahrhundert bereits von dem polnischen Geschlecht der Piasten besiedelt worden waren und es sich somit tatsächlich um „urpolnisches Gebiet" handele. Ein eigens dafür eingerichtetes „Ministerium für die Wiedergewonnenen Gebiete" sorgte zwischen 1945 und 1949 dafür, dass diese Maßnahmen koordiniert wurden. „Wir liquidieren das Germanentum, das tief in diesen Gebieten verwurzelt ist. Wir geben sie dem Polentum zurück", schrieb Polens erster Ministerpräsident Władysław Gomółka kurz nach der Gründung des Ministeriums.

Gut organisierte Gruppen von Pionieren wurden ins Leben gerufen, um auf lokaler Ebene die Polonisierung umzusetzen. Dabei musste nicht nur Mieszko I. seinen Namen dafür hergeben, um das Urpolnische dieser Gebiete optisch zu manifestieren. Beinahe jeder polnische Herrscher und König war nun in Form von neuen polnischen Straßen- und Ortsnamen präsent. Deshalb wundert es mich nicht, dass ich einige Kilometer südlich von Mieszkowice auf den Ort Boleszkowice stoße, der nach Mieszkos Sohn Bolesław Chrobry benannt ist. Als erster polnischer König war er geradezu prädestiniert dafür, die deutsche Vergangenheit des ehemaligen Ortes Fürstenfelde vergessen zu machen.

In der kleinen Schule von Boleszkowice gibt es bis heute einen kleinen Saal, der die Verdienste jener Pioniere von damals würdigt, welche zur Polonisierung der Gebiete auf herausragende Weise beigetragen haben. Ein wenig verschämt zeigt mir eine der Lehrerinnen die Orden und Urkunden aus der Nachkriegszeit, die in Vitrinen liegend an jene Zeit erinnern. Als ich auf einer der alten Tafeln zur Regionalgeschichte einen Absatz über die „Rückkehr von Boleszkowice zum Mutterland im Jahr 1945" finde, winkt die Lehrerin ab. „Alles kalter Kaffee", sagt sie. Diese Propaganda von damals interessiere keinen mehr, auch wenn der Saal heute noch der Vermittlung der Regionalgeschichte diene. Doch die Schüler lernten wie selbstverständlich auch die deutsche Vergangenheit ihrer Stadt kennen, pflegten sogar einen Austausch mit einer deutschen Schule. Von der Großtat jener Pioniere vergangener Zeiten redet hier keiner mehr.

Welche Figur allerdings vor dem Krieg auf dem Denkmal im nahegelegenen Mieszkowice stand, kann auch sie mir nicht sagen. Die Pioniere haben diesbezüglich ganze Arbeit geleistet. Das deutsche Denkmal wurde abgerissen und einfach vergessen. 1957 stellte man dann das neue auf den alten Sockel, mit dem Namensgeber des Ortes als einer Art Schutzpatron. 1966 ergänzte man dann wohl die Inschrift zur 1000-Jahrfeier Polens. Der Widerspruch zwischen dem polnischen Staatsgründer Mieszko I. einerseits und der deutschen Vergangenheit des Ortes andererseits könnte größer kaum sein. Doch interessieren mag sich kaum noch jemand dafür. Die Zeiten haben sich geändert. Den meisten Menschen in Mieszkowice ist es längst egal, wer da heute auf dem Denkmal steht. Und noch weniger interessiert sie, wer dort einst zu deutschen Zeiten stand. Sie haben andere Sorgen.

Ich verlasse Mieszkowice, ohne eine Antwort auf meine Frage erhalten zu haben, welche Inschrift auf dem Denkmal überputzt wurde und wer dessen Sockel einst zierte. Die Polonisierung der Gebiete scheint auf diese Weise ihren Abschluss gefunden zu haben. Das Vergessen ist dem Blick in die Zukunft gewichen. Das mag schmerzhaft sein für jene, die einst hier wohnten und sich vielleicht noch an das deutsche Denkmal erinnern. Den Schülern von heute, die sich mit ihren deutschen Kollegen unter dem Denkmal treffen, sind Denkmäler dieser Art ohnehin fremd. Sie nutzen dessen Schatten auf dem Marktplatz bestenfalls für ein Picknick. Und wenn ich ihnen begeistert erzählen würde, dass ich in Deutschland eine alte Postkarte bei Ebay erworben habe, auf der noch das alte deutsche Kriegerdenkmal in Bärwalde mit der Germania auf dem Sockel zu sehen ist, blickten sie mich wohl eher verständnislos an. Ist das denn so wichtig?

Eine Grenze im Fluss

Die Oder bei Czelin fließt ruhig. Die Breite über mehrere hundert Meter verleiht ihr etwas Majestätisches, das historische Gelassenheit ausstrahlt. Die von Menschen künstlich gezogene Linie auf ihrem Rücken stört sie nicht, sie lässt sie kalt. Irgendwo habe ich einmal gelesen, dass sich das deutsche Staatsgebiet ständig verändert, weil die Oder ihre Sandbänke hin und her wiegt und sich dadurch ihr Talweg, der die Grenze markiert, fortwährend auf Wanderschaft befindet. Eine schöne Art, wie ich finde, einer Grenze ein wenig Bewegungsfreiheit zu verschaffen.

Ausgerechnet hier bei Czelin haben polnische Soldaten des 6. Unabhängigen Pontonbataillons am 27. Februar 1945 den ersten Grenzpfahl ins Ufer geschlagen. Auf dem von einem Tischler aus Wolyn geschnitzten Pfosten wurde ein rotes Schild mit weißem Adler und der Aufschrift *Polska* angebracht. Noch heute erinnert ein gewaltiges Denkmal, das einem verdrehten Schornstein aus Pflastersteinen ähnelt, an dieses Ereignis. Eine Nachbildung des Pfostens finde ich an seinem Originalplatz unmittelbar am Oderufer. Unter dem Grenzpfosten vergruben die Soldaten damals eine Flasche mit einem Zettel, der die Aufschrift trug: *Unsere Einheit, die als erste Einheit der polnischen Armee die Westgrenze der Republik Polen erreichte, hat zum ewigen Gedenken diesen Grenzpfosten in den urpolnischen Fluss Oder geschlagen.* Ähnliche Symbole wurden im darauffolgenden Monat auf der gesamten Angriffslänge der 1. Polnischen Armee installiert, um bereits Monate vor der Potsdamer Konferenz das zukünftige polnische Staatsgebiet abzustecken. Der erste Pfosten allerdings wurde schon am nächsten Tag von einem deutschen Geschoss von der anderen Seite in Stücke gerissen; die Flasche fand man dann zwölf Jahre später in der Erde und brachte sie nach Warschau ins Museum. Bei dem Wort „urpolnisch" auf dem Zettel in der Flasche, der auf einer Infotafel abgedruckt ist, kann ich mir ein Schmunzeln nicht verkneifen. Nicht aus Ignoranz gegenüber der politischen Situation damals. Vielmehr deshalb, weil vor wenigen Jahren in Sichtweite der Infotafel 2.000 Jahre alte germanische Gräber gefunden wurden, an die, unmittelbar neben dem rekonstruierten Grenzpfosten, eine moderne Freilichtausstellung erinnert. Ein Grenzpfosten auf urpolnischer Erde und germanische Gräber daneben – die Geschichte hat sich beruhigt, nimmt Widersprüche dieser Art gelassen zur Kenntnis. Hauptsache, die Touristen kommen, wegen der einen oder anderen Attraktion.

Nur wenige Kilometer flussabwärts gelange ich nach Gozdowice, wo die einzige Fähre weit und breit den Fluss überquert. Sie trägt den Namen „Bez Granic", also „Grenzenlos", obwohl – oder vielleicht gerade weil – sie mehrmals täglich über die Grenze hinweg zwischen den Ufern pendelt. Wieder so ein Widerspruch, der mir deutlich macht, wie schwer es ist, den unmöglichen Spagat zwischen Grenze einerseits und Grenzenlosigkeit andererseits dennoch irgendwie auszuhalten.

Obwohl der Fluss hier schon ziemlich breit ist, schreien sich Kunden und Fährmann ihre Wünsche und Anliegen über das Wasser zu. Die Fähre verkehrt keineswegs ständig, es gibt einen Plan, und der polnische Fährmann hält sich dran. Sehr zum Unmut eines deutschen Radfahrers, der seit drei Tagen mit seinem kleinen Sohn auf dem Rücksitz an der Oder entlang gereist ist und nun gerne zurück auf die deutsche Seite möchte. Eine halbe Stunde muss er bis zur Abfahrt warten, obwohl die Fähre vor ihm steht und auch auf der anderen Seite ein Auto hupt. Doch der Fährmann lässt sich nicht aus der Ruhe bringen und macht erst einmal Pause.

Die meisten Nutzer dieses Übergangs seien Deutsche, erzählt er mir. Sie kämen auf die polnische Seite, um Ausflüge zu machen, zu tanken oder im nahegelegenen Ort Mieszkowice einzukaufen. Polen hingegen nutzten ihn selten, weil auf der deutschen Oderseite erst einmal lange nichts kommt. Nach 62 Jahren wurde die Fähre 2007 in Form eines motorisierten Raddampfers wieder neu eingesetzt, und obwohl sie in erster Linie dazu dient, den Fluss zu überqueren, ist ihre symbolische Rolle nicht zu unterschätzen. Eine Fähre also, die unter dem Namen „Grenzenlos" ausgerechnet hier, wo die Grenze sich erstmals im Februar 1945 in Form eines Holzpfostens manifestierte, Deutsche und Polen zueinander bringt. Mir gefällt dieser Ort. Der träge, breite Fluss, die alte Fähre, eine imaginäre Linie und Menschen auf beiden Seiten, die in der Regel eine Zeitlang auf die Fortführung ihrer Reise warten müssen. Wahrlich ein Ort des Innehaltens, der sich gut eignet, über den Sinn einer Grenze nachzudenken. Ein paar Kilometer nördlich erfahre ich allerdings den Preis für diese Idylle. Im Ort Siekierki besuche ich einen Friedhof, auf dem sich über 2.000 Gräber polnischer Soldaten befinden, die im April und Mai 1945 im Kampf für ihr Vaterland hier am Oderlauf gefallen sind. Die Reihen der Kreuze scheinen endlos. Die spärlichen Auskünfte über Dienstgrade, Namen und Jahreszahlen lassen individuelle Schicksale in der Masse untergehen. Doch gerade die Masse ist es, die die Erinnerung an die Tragödie für jene, deren Brüder und Söhne hier nicht begraben sind, so nachhaltig macht. Mir bleiben nur ein Gebet und die stille Einkehr angesichts der vielen Toten. Die Oder hat ihr Blut längst fortgetragen, als Narbe des Kampfes blieb ihr die Grenze auf dem Rücken.

Als die Fähre in Gozdowice ablegt, steige ich ein und suche unbewusst in der Mitte des Flusses jene Linie, die unweigerlich mit seinem Namen heute verbunden ist. Doch ich sehe nichts, außer dem Wasser, das von der Grenze nichts weiß.

ALLES UND BILLIG

PARKPLATZ GRATIS

SB Tank
... hier tanken Sie
gut und preiswert

Super
bleifrei

1.27⁸

Super plus
bleifrei

1.35⁸

Diesel

1.21⁰

24h

Haareschneiden als Grenzerfahrung

Die geografische Lage von Osinów Dolny zu beschreiben ist denkbar einfach: Der Ort liegt auf dem westlichsten Punkt des Landes, quasi auf der Nasenspitze von Polens Westgrenze, ungefähr 60 Kilometer östlich von Berlin. Ansonsten aber hat der Ort mit Polen kaum etwas gemein. Außer, dass man mit fast jedem Bewohner deutsch und polnisch sprechen und in jedem Geschäft mit Złoty und Euro bezahlen kann. Mir scheint, allein schon die Bezeichnung als Ort weckt falsche Erwartungen. Denn eigentlich besteht Osinów Dolny, das vor dem Krieg Niederwutzen hieß, aus einem einzigen großen Markt. Dem größten seiner Art in Polen. Dabei handelt es sich nicht um ein geschlossenes Terrain mit Buden und Ständen, wie man es von den klassischen Polenmärkten her kennt. Nein, hier besteht der gesamte Ort aus einem Markt, in fast jedem Haus und jeder Baracke wird irgendein Geschäft gemacht. Selbst die riesige Ruine der ehemaligen deutschen Papierfabrik ist in ihrem Innern voller kleiner Händlerstände. Erwerben kann man hier so ziemlich alles. Kleidung, Zigaretten, Billigschmuck, Brautkleider, Holzwindmühlen, Bonbons, Spirituosen und vieles mehr. Auch Service wird geboten: Nägel lackieren, Pediküre, Autos waschen, ja selbst die Aussichten in die Zukunft kann man käuflich erwerben. Wo die Leute, die hier arbeiten, eigentlich wohnen, bleibt dem oberflächlichen Betrachter dagegen ein Rätsel.

Statt eines Ortsschilds begrüßt mich bei der Ankunft eine mehrere Meter hohe Tafel mit der verheißungsvollen deutschen Aufschrift *Alles und billig. Parkplatz gratis.* Daneben folgen Benzinpreise, die allein schon Lust machen, Osinów Dolny zu besuchen. Um besonderen Eindruck zu machen, sind sie nicht in Złoty, sondern nach tagesaktuellem Kurs umgerechnet in Euro angegeben. So bleibt auch dem größten Polen- und Rechenmuffel erspart nachzufragen, durch wie viel man den Literpreis eigentlich teilen muss und wie das genaue Ergebnis lautet. Es reicht zu wissen, dass es sich lohnt.

Das eigentliche Kuriosum dieses Ortes ist aber die Tatsache, dass 150 der knapp 200 Ortseinwohner ihr Geld mit dem Schneiden von Haaren verdienen. Wohin man in Osinów Dolny auch blickt und fährt, die Schilder mit Hinweisen auf günstige Frisierstuben sind allgegenwärtig. Kurz nach der Grenzöffnung boomte hier der Verkauf von Zigaretten, später kam eine Tankstelle dazu. Heutzutage haben hingegen die Friseure Konjunktur. Und was für eine!

„Viele Berliner stehen um fünf Uhr auf, kommen zum Haareschneiden und sind pünktlich um neun Uhr in ihrer Arbeit", erzählt mir Halina, die vor über 20 Jahren als eine der ersten ihren Frisierladen hier eröffnete. Vier Friseusen sind bei ihr angestellt und arbeiten in zwei Schichten. Die Konkurrenz ist gewaltig, denn in 35 der 54 Häuser im Ort sind Friseure tätig. Die Antwort auf die Frage, wie das möglich ist, liefert der Preis: Der Haarschnitt kostet für mich zehn Złoty oder drei Euro. Für Damen 10 Euro. Wer sich mit dem Umrechnungskurs auskennt, weiß, in welcher Währung er noch ein bisschen mehr sparen kann.

Zugegeben, meine Haarpracht hält sich in Grenzen. Als aber die Friseuse nach fünf Minuten die Schere zur Seite legt und mir den Umhang abnimmt, schaue ich doch ein wenig erschrocken. „Die Angestellten werden nicht nach einem festen Tarif bezahlt, sondern mit Prozenten an den Einnahmen beteiligt", erklärt mir Halina. Und ich verstehe, warum hier alles sehr schnell gehen muss. Einen kurzen Moment fühle ich mich an das Scheren von Schafen erinnert. Doch das Ergebnis kann sich sehen lassen. Zumindest sehe ich nicht schlimmer aus als vorher. Haareschneiden ohne Schnickschnack also. Und lästige Gespräche über das Wetter braucht man auch nicht zu führen. Nicht, weil die Zeit etwa nicht reichte, sondern weil der deutsche Wortschatz manch einer Friseuse sympathisch begrenzt ist. „Länger", „kürzer", „vorne", „hinten", „färben" sowie ein paar Farbvarianten. Mehr geht nicht. Muss ja auch nicht. Viele von Halinas Kunden kommen regelmäßig. Vor allem Frauen, denn bei ihnen lohnt sich der Besuch besonders. Finanziell gesehen. Damit die deutschen Stammkunden ihren Friseur in Osinów Dolny möglichst leicht wiederfinden, werden die Namen ausnehmend kundenfreundlich gewählt. Ohne polnische Sonderzeichen, ohne Konsonantenhäufungen. *Ela*, *Anna*, *Jola*, *Aneta* oder eben *Halina*. *Małgorzata* geht gar nicht. Halina heißt allerdings wirklich *Halina*. Bei einigen anderen Frisierstuben muss dann schon mal die Mutter oder Schwester als Namensgeberin herhalten. Viele der Betriebe sind ohnehin Familienunternehmen. Da lernt die Mutter die Tochter an und so weiter. Was nicht heißt, dass die Friseusen etwa ihr Handwerk nicht beherrschten. Viele von ihnen besitzen die Meisterausbildung und bilden selbst aus.

Der Besuch beim Friseur allein reicht allerdings für den deutschen Kunden in der Regel nicht, um die Benzinkosten wieder reinzubekommen. Zum großen Schnäppchen wird so ein Polenmarkt erst, wenn man gleich einen ganzen Nachmittag hier investiert und ein paar Erledigungen miteinander verbindet. Also nach dem Tanken noch Zigaretten kauft, ein paar Flaschen Spirituosen mitnimmt, die Ehefrau sich zur Maniküre begibt und der Mann sich beim Anglerbedarf oder im Musikshop vergnügt. Zum Friseur geht am besten gleich die ganze Familie. Ansonsten sind die Freizeitmöglichkeiten in Osinów Dolny eher begrenzt. So mache ich mich auf und fahre lieber wieder Richtung Osten. Wer aus Deutschland hierher kommt, hat zwar die Grenze überschritten. Nach Polen aber ist der Weg noch weit.

Grenzhäuschen ohne Grenzer

Mitten in der kleinen Fußgängerzone in Schwedt vor der polnischen Grenze fragt mich eine ältere Dame, wo es denn zur Fußgängerzone gehe. Sie ist fremd hier, hat sich wahrscheinlich alles ganz anders vorgestellt. Ich mir auch. Selbst in einem Bildband der Uckermark wird der Ort Schwedt nur mit einem Satz erwähnt. Plattenbauten dominieren das Stadtbild. Das Bemühen, mit vielen farbigen Anstrichen der Balkone von ihrer tristen Architektur abzulenken, wirkt wenig authentisch. Diesen Versuch der Stadt zu lächeln nimmt man ihr nicht ab.

„Das ist die Fußgängerzone", antworte ich der Frau, die sich ungläubig bei mir bedankt. Und weitersucht. Während sich auf der rechten Seite der Vierradener Straße in Richtung polnische Grenze ein paar Geschäfte verlieren, stehen links von ihr schon wieder Wohnblocks. Genaugenommen besteht die Fußgängerzone also nur aus einer Straßenseite. Die andere ist Wohnstraße. Selbst die Kirchen erscheinen verloren im Stadtbild, das so gar keinen Rahmen hat. Irgendwie fällt alles heraus. An den lieben Gott glauben nur noch Idealisten und Polen auf Besuch. Allein die LKWs, die ab und zu über den Stadtring rauschen, deuten an, wo Schwedt sich befindet: an der deutsch-polnischen Grenze.

Schwer zu sagen, ob mich auf meinem Weg zur Oder mehr LKWs überholen oder mir entgegenkommen. Es ist ein ständiges Hin und Her. Als gäbe es keine Grenze. Die Brücke in Richtung des Oderkanals bietet sich an wie ein Schlupfloch in eine bessere Welt. Sie muss besser sein. Und tatsächlich, beim Anblick des Wassers und der Weite der Landschaft löst sich meine Bedrückung ein wenig, ich hole tief Luft und bleibe erst mal am Brückengeländer stehen. Links von mir die

Stadt, rechts ein sich bis zum Horizont erstreckender Nationalpark, in der Mitte der Fluss. Stadt. Land. Fluss. Nur, dass dieser Ort so gar nichts von einem Spiel hat. Der „Spiegel" titelte in den 1990er-Jahren über Schwedt: „Eine Stadt – nicht zum Leben". Und der Aufschrei war groß, vielleicht auch nur, um zu demonstrieren, dass man hier sehr wohl leben kann. Man muss nur wissen, wie.

Mit jedem Meter über die Brücke und weiter die Landstraße entlang lasse ich die Zivilisation hinter mir. Allein die Straße und die LKWs werde ich nicht los, bleibe unfreiwilliger Voyeur ihrer Transporte zwischen den Welten. Ein Kilometer noch bis zur polnischen Staatsgrenze. Dann stehe ich plötzlich vor den Überresten der alten Grenzhäuschen. *Zu vermieten* steht auf einer der zersplitterten Scheiben. Ich überlege, ob ich hier einen Neuanfang wagen würde. Doch womit? Mit einer Dönerbude oder Bierschenke? Eine provisorische „Feldküche" gibt es hier schon. Doch reich geworden scheint damit keiner zu sein. Vielleicht ein Kiosk, der in Erinnerung an alte Zeiten Spaßpässe verteilt und Stempel. Mag sein, dass das hier nicht jeder witzig fände. Denn nicht alle verstehen Spaß, was ich wiederum nachvollziehen kann angesichts der Trostlosigkeit. Trotz Anstrengung sind meiner Fantasie Grenzen gesetzt und ich überlasse das Einrichten der beiden Häuschen anderen.

Ein Schild in freilich bunten Farben macht mich stutzig: *Sie verlassen die Uckermark* steht darauf geschrieben. Und darunter: *Bleiben Sie entspannt.* Auf dem Bild paddelt ein Vater mit seinem Sohn auf der Oder. Mir wird etwas mulmig. Freilich hat der zwei Kilometer lange Spaziergang durch das Odertal bis zur Grenze meinen Puls heruntergefahren. Aber sollte mich auf der anderen Seite erneut etwas in Unruhe versetzen, was die Aufforderung rechtfertigt? Das Schild im Kopf betrete ich polnisches Territorium.

Es ist ein schönes Gefühl, durch diesen Park zwischen den Ländern zu spazieren. Die Idylle dieses Grenzübergangs entschädigt für alles. Auch wenn mich der kleine Ort Krajnik Dolny so empfängt, wie ich es befürchten musste. Mit Buden voll von Zigaretten und Spirituosen, einem Nachtklub, einem Imbissrestaurant mit angeworfenem Grill und ziemlich fertigen Würstchen darauf. War es das, wovor mich das Schild warnen wollte? Wohl kaum, denn in diesem Örtchen ist so ziemlich alles entspannt. Und als ich zwei eingelegte polnische Gurken kaufe, schenkt mir die Verkäuferin eine dritte dazu. Ich bin in Polen angekommen.

Zugegeben, dieser Flecken Polens steht seinem deutschen Pendant auf der anderen Seite der Oder an Traurigkeit nicht nach. Es braucht einen speziellen Charakter, um hier lachen und leben zu können. Aber es gibt solche Leute. Zum Beispiel die Verkäuferin meiner Gurke, die mir zugleich noch einen Spaziergang ins „Tal der Liebe" empfiehlt. Gleich um die Ecke, nur zwei Kilometer. Als sie das Grinsen auf meinem Gesicht sieht, winkt sie gleich ab und lacht. Nein, es ist nicht das, was ich denke. Es ist nur ein schöner Spazierweg mit Skulpturen am Ufer der Oder entlang. Alle Pärchen, die ich treffen würde, gehörten wirklich zusammen, versichert sie mir. Und ich kaufe noch polnische Schokolade, um vom Thema abzulenken.

Nach drei Kilometern Fußmarsch ist mir nicht nach einem weiteren Spaziergang zumute. Lieber erlöse ich noch eines der Würstchen, kaufe eine polnische Zeitung und mache mich auf den Rückweg nach Schwedt. Die Strecke etwas später im Dunkeln zurücklegen zu müssen erscheint mir wenig einladend.

Nach einem Kilometer stehe ich wieder vor den Grenzhäuschen, die von der Geschichte, die über sie hinweggerauscht ist, vergessen wurden. Diesmal begrüßt mich die Inschrift auf der Rückseite jenes Schildes, über das ich mich schon beim Hinweg gewundert habe. Jetzt lautet die Aufschrift: „Willkommen in der Uckermark – Einfach schön!" Während ich das Schild betrachte, kommt eine Schülerin an mir vorbei und erzählt mir, dass der Nachsatz vor gar nicht langer Zeit noch hieß: „Jetzt wird's schön!" Aber das hätte man dann doch geändert. Ich überlege, ob man die Aufschrift geändert hat, weil es eben nicht schön wird oder weil die alte Aufschrift vermuten ließ, dass es auf der polnischen Seite noch weniger schön sei … Ich überlege, den Bürgermeister von Schwedt einmal danach zu fragen, doch die Weite des Odertals vor Augen, verwerfe ich den Gedanken. Schön ist es hier wirklich. Man muss nur wissen, wo.

Längst entschwunden sind die Zeiten
der Zigeuner, die gewandert.
Ich aber seh sie, hurtig wie Wasser,
stark und durchscheinend.
(Papusza, ca. 1908 – 1987)

Gorzów Wielkopolski / Landsberg an der Warthe

Auf den Spuren der Roma-Dichterin Papusza

Als ich eine junge Frau im Rosenpark von Gorzów Wielkopolski nach dem Denkmal der Dichterin Papusza frage, sieht
sie mich irritiert an. „Papusza?" Den Namen habe sie noch
nie gehört. Dabei finde ich das Denkmal nur wenige Meter
weiter am Rand des Parks, unweit der Stadtbibliothek.

Über dreißig Jahre hat die Roma-Dichterin Papusza in
Gorzów Wielkopolski gelebt und die Stadt selbst feiert all-
jährlich sogar ein Internationales Romakapellenfestival.
Doch Papuszas zeitweiliger literarischer Ruhm Ende der
1950er-Jahre hat nur bedingt Spuren im Gedächtnis der jün-
geren polnischen Generation hinterlassen. Wie überhaupt
die Roma nur eine marginale Rolle im Bewusstsein der Polen spielen. Ähnlich wie Juden dienen sie noch ab und an ein
paar Unbelehrbaren als Zielscheibe rassistischer Ausfälle,
weil es so einfach ist, den Roma pauschal die Ursache für alle
Unbill der eigenen Lebenssituation zuzuschreiben. Die de-
monstrativ prunkvollen Villen, die sich einige der Roma in
die polnische Landschaft gestellt haben, leisten ihr Übriges,
die Neidattacken der Minderbemittelten zu schüren. Wehren
können sich die Roma gegen diese Attacken kaum. Mit ge-
schätzten 20.000 Angehörigen gehören sie zu den kleineren
Volksgruppen in Polen, und die meisten von ihnen versuchen
sich dadurch zu schützen, indem sie sich assimilieren. Im

Straßenbild erkennt man sie nur selten, wenn sie nicht gerade bettelnd in Erscheinung treten.

Die Dichterin Papusza, deren Name in der Sprache der Roma „Puppe" bedeutet, zählte zu den bekanntesten Roma-Persönlichkeiten in Polen, auch wenn ihr Ruhm sie zeitweilig in den Wahnsinn getrieben hat. Als Roma hätte sie sich allerdings nie bezeichnet, nur als Zigeunerin. Die Bezeichnung als Roma war ihr und ihrem Clan eher fremd. Sie empfand sich zeit ihres Lebens als eine einfache Frau, die aber von Kindheit an von dem Wunsch getrieben war, lesen und schreiben zu lernen. In ihrem Clan war dies ein ziemlich ungewöhnliches Begehren für ein junges Mädchen. In einem Interview sagte Papusza später einmal: „Ich bat die Kinder, die zur Schule gingen, mir zu zeigen, wie man die Buchstaben schreibt. Ich stahl immer irgendetwas und brachte es ihnen, damit sie mir etwas zeigten, und so lernte ich a, b, c, d und so weiter." Eine Dichterin wollte sie nie werden, nur vertraut mit den Geheimnissen von Schrift und Buchstaben.

Das Denkmal im Rosenpark von Gorzów Wielkopolski zeigt Papusza sitzend als ältere Frau, deren langes Gewand den unsichtbaren Hocker überdeckt und deren Blick ins Leere geht. Auf den Knien hält sie ein aufgeschlagenes Buch in Händen, das von irgendeinem Schmierfink mit dem Namen des städtischen Fußballvereins bekritzelt wurde. *Die Zigeuner-Dichterin Bronisława Wajs-Papusza, 1908 – 1987*, steht auf einer Tafel geschrieben für jene, die sie nicht mehr kennen. Dabei lässt sich das Geburtsjahr nur vermuten, weil die Quellen widersprüchlich sind.

Während ich vor dem Denkmal stehe und vergeblich versuche, den Blick der Frau einzufangen, läuft in meinem Kopf jener Film noch einmal ab, der im Jahr 2013 das Leben von Papusza einer breiteren Bevölkerung in Polen näherbrachte. Ähnlich wie bei dem naiven Maler Nikifor übernahm wieder einmal das Kino die Aufgabe, die Erinnerung an berühmte Außenseiter der Gesellschaft aufrechtzuerhalten. In eindrucksvollen, schwarz-weiß gehaltenen Bildern zeichnet der Film unter der Regie von Joanna Kos-Krauze und Krzysztof Krauze das Leben von Papusza einfühlsam nach. Ihre Kindheit im Zigeunerzug, ihre Bemühungen, lesen und schreiben zu lernen, und die Verfolgung des Clans durch die Nationalsozialisten. Der Flucht durch die Wälder setzte Papusza in ihrem längsten Gedicht „Blutstränen – was wir von den deutschen Soldaten in Volyň '43 und '44 ertragen mussten" ein literarisches Denkmal. Nach dem Krieg schloss sich ihrem Clan der vom polnischen Staatssicherheitsdienst ins Visier genommene Wissenschaftler und Schriftsteller Jerzy Ficowski an, der Papuszas poetisches Talent erkannte und sie dazu brachte, ihre gesungenen Verse aufzuschreiben. Er übertrug sie ins Polnische und es gelang ihm, mit Hilfe des bekannten Schriftstellers Julian Tuwim ihr und ihrem Buch „Papuszas Lieder" im Jahr 1956 zu literarischer Berühmtheit zu verhelfen – was sie selbst am meisten überraschte. Doch der Ruhm führte bei ihr zu schweren Konflikten mit dem eigenen Clan, der ihr vorwarf, Geheimnisse der Zigeunersprache an Ficowski verraten zu haben, und deshalb ihren Ausschluss aus der Gemeinschaft der Roma erklärte. Papusza verzweifelte an ihrer Situation, musste mehrere Monate in einer psychiatrischen Klinik behandelt werden und lebte schließlich fast dreißig Jahre lang zurückgezogen in einem Haus in Gorzów Wielkopolski, bevor sie 1987 in Inowrocław starb.

Noch heute entdecke ich an ihrem Wohnhaus eine Tafel mit der Inschrift: *'Deine Hände werden meine Lieder finden'. In diesem Haus lebte in den Jahren 1953 - 83 Papusza (Bronisława Wajs) – Poetin der polnischen Zigeuner.* Als ich die heutigen Bewohner nach Papusza befragen will, weisen sie mich ab. Vielleicht, weil sie Papusza nicht kennen, vielleicht aber auch, weil man mit Zigeunern nichts zu tun haben möchte. Also treffe ich mich etwas außerhalb von Gorzów Wielkopolski mit dem Musiker und Roma-Künstler Edward

Dębicki, der über 40 Jahre mit Papusza und ihrem Clan mit-
gereist ist und auch mit Jerzy Ficowski bekannt war.

Als ich mit dem Auto auf Dębickis Grundstück einfahre
und aussteige, eröffnet sich mir eine andere Welt. Die Villa
vor meinen Augen ähnelt einem Palast aus 1001 Nacht, der
Zigeunerwagen im verwilderten Garten scheint einsatzbereit.
Auch Dębicki selbst scheint dem Zeitgeist erfolgreich Widerstand zu leisten. In einem langen, roten Morgenmantel empfängt er mich überaus freundlich und lässt keinen Zweifel
daran, welcher Welt er entstammt. Sollte ich vor dem Besuch
ein Bild der Roma im Kopf gehabt haben, so fühle ich dieses hier bestätigt. Im positiven Sinne allerdings. Dębicki ist
hochgebildet, herzlich und überaus gastfreundlich. Der Gegenwart ist er nur scheinbar entrückt, in Wahrheit kämpft er
bis heute für die Verbesserung der Situation und Förderung
der Roma in Polen. Als Autor von Gedichten und Liedern
hat er sich ebenso einen Namen gemacht wie als Musiker und
Drehbuchschreiber. An dem Film „Papusza" jedoch lässt er
kein gutes Haar. Alles darin sei übertrieben dramatisiert worden, vieles, wie beispielsweise die Zigeunersprache im Film,
falsch recherchiert. Er müsse es ja wissen als jemand, der
den im Film dargestellten Clan über Jahrzehnte mitbegleitet
habe. Dębicki bezeichnet Papusza als seine Tante, wie überhaupt der ganze Clan irgendwie zu einer Familie gehörte.
Einen radikalen Ausschluss von Papusza aus der Roma-Ge-
meinschaft, wie im Film dargestellt, habe es in Wahrheit nie
gegeben. Davon zeuge allein schon ihre Beerdigung, zu der
viele Zigeuner – auch Dębicki bevorzugt den Begriff Zigeuner – aus dem ganzen Land angereist waren. Papusza selbst
beschreibt er als sehr empfindsam und bescheiden, als eine
Frau, die einen Apfel bei vier Gästen in vier Teile teilte und
der das Konkrete immer näher lag als das Abstrakte.

Während ich mit Dębicki spreche, spüre ich die Senti-
mentalität, die ihn überkommt, als er sich an diese Zeiten der
ständigen Wanderschaft erinnert. 1964 verbot der polnische

Staat den Zigeunern das Umherziehen, die Clans mussten sich niederlassen, was den Anfang ihrer Assimilation bedeutete. Papusza machte das nichts aus, sie bevorzugte das sesshafte Leben, auch wenn sie später einmal gesagt haben soll: „Ich stammte aus einem Wandertross, jetzt stamme ich von nirgendwo."

Zum Abschied führt mich Dębicki zu dem Wagen im Garten, der als Zeuge vergangener Zeiten zwischen den Obstbäumen steht. Ein schöner, überaus gut erhaltener, braunweiß gestrichener Wagen mit einem grünen Holzdrachen als Verzierung. Ich versuche mir vorzustellen, wie das Leben damals in so einem Wagen ausgesehen haben mag, wie die Clans Woche für Woche ihre Standorte wechselten und dabei ihren Alltag bewältigten. Ich schwanke dabei zwischen idealisierten, idyllischen Bildern im Sommer und tödlichen Visionen im Winter. Am Ende bleibt diese Lebensform für mich doch unvorstellbar. Dębicki weiß das und antwortet dennoch auf meine Fragen mit der Geduld und Weisheit eines über 80 Jahre alten Mannes, der viel erlebt hat. Durch ihn ist mir Papusza ein wenig nähergekommen, ist aus dem bronzenen Denkmal im Rosenpark eine Frau geworden, die in meinem Gedächtnis einen besonderen Platz einnehmen wird.

Dennoch verlasse ich Gorzów Wielkopolski ein wenig traurig. Die Buchstaben wurden Papusza letztlich zum Verhängnis. Am Ende ihres Lebens soll sie einmal gesagt haben: „Hätte ich nicht lesen und schreiben gelernt, wäre ich glücklich geworden."

Hotel Mieszko – schlafen wie in alten Zeiten

Auf meiner Reise durch Westpolen buche ich eine Übernachtung im „Hotel Mieszko" in Gorzów Wielkopolski. Der zentral gelegene, siebenstöckige Plattenbauklotz macht schon äußerlich keinen Hehl daraus, aus welcher Zeit er stammt und womit ich rechnen kann. Selbst die hellbeleuchteten Aufschriften *Nightclub* und *Casino* im Erdgeschoss wollen oder können nicht darüber hinwegtäuschen, dass der Geist des Hotels im Sozialismus der 1980er-Jahre zu Hause ist. Für viele Polen mag diese Erinnerung schmerzlich sein. Für mich aber beginnt im wahrsten Sinne des Wortes eine Nacht im Museum.

Spätestens als ich von einem ziemlich unterbeschäftigten Portier vom großen Empfangsbereich zum engen Aufzug hin begleitet werde, in den mein Koffer nur im Hochformat hineinpasst und dessen Innenraum keine Vordertür besitzt, habe ich die Bilder meiner ersten Polenreise in den 1980er-Jahren vor mir. Damals habe ich mir lange überlegt, ob ich es wagen kann, in so einem Aufzug meine Finger während der Fahrt an der offenen, sich bewegenden Frontseite entlang gleiten zu lassen. Ich habe mich nicht getraut. Und während in modernen Aufzügen elektronische Piepser das Ankommen im gewünschten Stockwerk verkünden, kann ich mich im „Hotel Mieszko" auf das typische Klicken der einrastenden Kabine verlassen. Früher durchfuhr mich dabei jedes Mal ein Schauer, weil ich glaubte, fest zu stecken – auf Nimmerwiedersehen. Die Enge und Mechanik des Aufzugs mögen historisch sein. Aber im Gegensatz zu seinen neuzeitlichen Pendants besitzt er noch heute eine beeindruckende Geschwindigkeit. Lange warten jedenfalls muss ich auf den Aufzug nie.

Den kommunistischen Atem des Hotelgeistes spüre ich in jeder Ecke. Selbst die Zimmerschlüssel tragen historisches Gewicht, denn der Namensgeber des Hotels begleitet mich als schwerer, bronzener Anhänger, der keinen Zweifel daran aufkommen lässt, dass diese Gebiete nun endgültig zu Polen gehören. „Repolonisierung der Westgebiete" nannte man das in den 1950er-Jahren, und der Name so ziemlich jeder polnischen Identifikationsfigur musste als Straßen- oder Hotelname herhalten. Zumindest nimmt einen solch schweren Schlüssel kein Gast mit auf seine weitere Reise. Weder versehentlich, noch mit Absicht.

Mein Zimmer erreiche ich durch einen jener eintönigen, langen Gänge, die mir schon in den 1980cr-Jahren Unbehagen bereitet haben. Vielleicht, weil das Licht im Gegensatz zu heute nicht immer funktionierte. Obwohl mein Zimmer sauber und funktional ausgestattet ist, scheint mir die Renovierung erfreulich misslungen zu sein. Der Geist von damals fühlt sich jedenfalls noch immer wohl zwischen den kargen Holzmöbeln, dem alten Röhrenfernseher und der Holztäfelung in Hüfthöhe. Als ich die Dusche andrehe, verbrenne ich mich, denn der Regler ist falsch herum montiert. Das Telefon hat freundlicherweise Seniorentasten und spricht damit vielleicht jene Nostalgiker an, die sich noch gut an den Sozialismus erinnern können, deren Augen aber mittlerweile schwach geworden sind.

Als ich eine Hotelangestellte danach frage, wie sich die renovierten Zimmer von den ursprünglichen Zimmern unterscheiden, blinzelt sie mir schelmisch zu und bedeutet mir mit einer Handbewegung, ihr zu folgen. Im zweiten Stock des Hotels öffnet sie mir eine Tür, und was ich zu sehen bekomme, kann ich kaum glauben. Ein komplett unverändertes Zimmer aus dem Jahr 1981 steht vor mir. Damals wurde das Hotel kurz vor der Ausrufung des Kriegszustandes eröffnet, die ersten Gäste waren Angehörige der Geheimpolizei. Das Zimmer wird heutzutage freilich den Gästen nicht mehr angeboten, versichert mir die Angestellte. Als ich nachfrage, wieso man dieses Zimmer nicht ebenfalls renoviert habe, weicht sie mir aus. Vielleicht war das Geld zu knapp und reichte nicht für alle Zimmer. Vielleicht sind es aber auch rein nostalgische Gründe, die die Hotelleitung zu dieser Entscheidung bewogen haben. Ein Hotelzimmer als Zeuge vergangener Zeiten. „Schlafen wie im Sozialismus" – vielleicht zieht ein solcher Slogan ja mal Touristen an. Dabei unterscheidet sich das Original eigentlich nur durch seine geringeren Ausmaße von meinem gebuchten. Aus zwei alten Zimmern hat man nach der Renovierung ein neues gemacht. Die Möbel wurden neu gekauft, allerdings im alten Stil. Einen Unterschied kann ich nicht erkennen. Der hier noch bunt gemusterte Teppichboden musste in meinem Zimmer Laminat weichen. Auch mein Bett und meine Matratzen wurden erneuert, ebenso die Badarmatur und Dusche. Aber ansonsten? Der optische Mehrwert der neuen Zimmer gegenüber dem alten hält sich in Grenzen. Genaugenommen schlafe ich in einem alten Zimmer, in dem alles Alte nochmal neu angeschafft wurde. Das scheint mir einmalig.

Für den Weg zum Abendessen wähle ich das Treppenhaus. Der kalte Granitboden und das Geländer aus Eisenstangen mit Holzgriff haben die Wende überlebt. Auch der riesige Speisesaal, den ich durch einen schmucklosen, überbreiten Gang erreiche, scheint unversehrt. Wie so viele Speisesäle damals empfinde ich ihn als unterkühlt, ein wenig zu dunkel, die Tische verlieren sich irgendwo im Raum. Die Bar an der Frontseite verspricht amerikanischen Whisky, ist aber nicht besetzt. Eine Großleinwand mit einem stummgeschalteten polnischem Fernsehen versucht verzweifelt, eine Brücke in die Gegenwart herzustellen. Doch ohne Erfolg. Mein Apfelstrudel wird erst kalt serviert, dann kochend heiß, und der Nightclub ist im Gegensatz zum Casino geschlossen. Statt mein Glück herauszufordern, gehe ich lieber schlafen.

Als ich im Bett liege, höre ich ab und an das laute Einras-
ten der Holztüren beim Schließen. Auch dieses Phänomen
erinnert mich an eine der typischen Hotelkrankheiten im Sozialismus. Ich habe das Gefühl, eine Zeitreise angetreten zu
haben, stelle mir wieder und wieder vor, wie es wäre, wenn
ich das Hotel verließe und draußen noch alles so vorfände
wie damals. Im Halbschlaf suche ich nach Devisen. Erblicke
Wojciech Jaruzelski auf der Leinwand im Speisesaal. In der
Ferne höre ich noch Stimmen einer Fernsehsendung aus dem
Nachbarzimmer. Aber das stört mich nicht mehr. Im Gegenteil. Ich fühle mich wohl hier in diesem Hotel, dessen Haus-
geist sich so hartnäckig dem Zeitgeist widersetzt, lasse mich
von ihm in den Schlaf wiegen.

Das Gerippe des Kriegs –
die Festungsfront Oder-Warthe-Bogen

Als ich 80 Kilometer östlich von Frankfurt/Oder in dem kleinen Örtchen Pniewo auf einen Panzer stoße, habe ich noch keine Vorstellung davon, was mich in den nächsten Stunden erwarten wird. Ausstellungsstücke dieser Art, die in der freien Landschaft stehen, habe ich schon vor vielen Militärmuseen zum Zweiten Weltkrieg gesehen. Aber dieser Ort hier liegt erstaunlich abgelegen, ihn zufällig zu finden ist nahezu unmöglich. Genauer betrachtet gibt es hier auch kein größeres Museum, es gibt nur einen Ausstellungsraum und einen Weg vorbei an Panzersperren hinaus aufs freie Feld. Nach einigen Metern erreiche ich dort mit meinem Begleiter Edward einen kleinen Hügel, in den eine Stahlwand eingelassen ist. Sie ist in einem frischen Grün gestrichen, dabei stammt sie aus dem Zweiten Weltkrieg und gehörte damals zur Festungsfront Oder-Warthe-Bogen. Erst vor wenigen Jahren wurde dieser Komplex für Touristen instand gesetzt und zugänglich gemacht.

Edward schließt mir eine mehrere Zentimeter dicke Stahltür auf. „Der Eingang zur Werkgruppe Scharnhorst", sagt er, während er die schwere Tür aufzieht. Dann führt er mich dreißig Meter über eine Treppe in die Tiefe. „Früher", erklärt er mir, „wollte man in diesen Tunneln Atommüll lagern. Da Polen aber keine Atommeiler hat, entschloss man sich, hier ein Naturreservat für Fledermäuse einzurichten. Heute leben hier über 30.000 dieser Säugetiere." Und während er den letzten Satz ausspricht, deutet er auf ein kleines, schwarzes Knäuel, das neben mir in der Wand hängt.

Sprachlich gesehen ist es kein Kunststück, eine Festungsanlage aus dem Zweiten Weltkrieg, ein potentielles Atommülllager und ein Naturreservat für Fledermäuse in einem Satz unterzubringen. Doch mein Kopf zögert, diesem Satz zu folgen. Es ist kalt hier unten, und ich habe Schwierigkeiten, die niedliche Fledermaus neben mir mit den Betonmassen und den Maschinengewehren um mich herum in einen Gedankenzusammenhang zu bringen. Ich befinde mich in einer riesigen unterirdischen Verteidigungsanlage, die im wahrsten Sinne des Wortes als Gerippe des Zweiten Weltkriegs übrig geblieben ist. Ein unheimlicher Ort, der mir mit jedem Schritt durch seine Gänge ein wenig mehr die Luft nimmt.

Immer wieder kehre ich zu jener Karte zurück, die mir Edward kurz vor dem Abstieg oben in dem kleinen Schauraum gezeigt hat. Auf ihr war der Verlauf jener Festungsfront mit Namen „Oder-Warthe-Bogen" eingezeichnet, in deren Überresten ich mich gerade befinde und die im Volksmund auch „Ostwall" genannt wurde. Der „Oder-Warthe-Bogen" bildete das Herzstück eines 360 Kilometer langen Verteidigungswalls, dessen Errichtung Mitte der 1920er-Jahre begann und dessen Aufgabe es sein sollte, den kürzesten Einfallsweg von Warschau Richtung Berlin abzusichern und zu versperren. Während sich der zentrale „Ostwall" über knapp 100 Kilometer zwischen der Oder im Süden und der Warthe im Norden erstreckte, schlossen sich ihm als Ausläufer im Norden der Pommernwall und im Süden der Oderwall an. Der Bau der gesamten Anlage wurde Mitte der 1930er-Jahre fortgesetzt, wobei auch die Gegebenheiten der Natur, also Hügel, Seen und Stauanlagen, in das Konzept mit einbezogen wurden. Im zentralen Kernstück der Anlage errichteten schätzungsweise über 15.000 Soldaten Korridore mit über 30 Kilometern Gesamtlänge. Zehn Kilometer davon waren unterirdisch in einem Stück verbunden und sogar mit einer Feldbahn versehen, welche die Truppen mit Munition und Ausrüstungsgegenständen versorgte.

Noch heute finde ich auf dem Boden der Betongänge Reste der Schienen, auf denen die Bahn einst fuhr. Es dauert einige Zeit, bis ich realisiere, welche Ausmaße dieses Betonmonster in seiner ganzen Größe gehabt haben muss. Die Anlage ist in diesem Abschnitt erstaunlich gut erhalten und es bedarf keiner großen Fantasie sich vorzustellen, wie es in Kriegszeiten hier wohl ausgesehen hat.

Während sich in den oberen, senkrecht erbauten Ausläufern des Tunnelsystems die Maschinengewehrstände, Flammen- und Granatwerfer befanden, errichtete man im unteren Bereich die Munitionslager und Mannschaftsräume. Auf einer Abbildung erinnert mich diese Konstruktion an einen gigantischen Kraken, dessen lange Arme im Innern der Erde oben in einen kleinen runden Kopf münden. Außen vorgelagert waren der Anlage Stacheldraht und kilometerlange Panzersperren aus Beton, weshalb der Wall wohl uneinnehmbar gewesen wäre – wäre er rechtzeitig zu Ende gebaut worden.

Doch so richtig fertiggestellt wurde die ganze Anlage nie. Ende der 1930er-Jahre brach man den Bau erstmals ab, weil sich der Osten als erstes Angriffsziel herauskristallisierte und ein Verteidigungswall dort nun keinen Sinn mehr ergab. Erst in den Jahren 1944/45 versuchte man, die Anlage in Funktionsbereitschaft zu versetzen und einsatzfähig zu machen. Da war es jedoch schon zu spät. Längst fehlte es an ausreichend ausgebildeten Soldaten, um die Möglichkeiten der Anlage vollständig nutzen zu können. Edward erzählt mir, dass die ersten Panzer der Roten Armee zu Beginn des Jahres 1945 sogar völlig ohne Widerstand den Wall durchbrechen konnten. Aus eben diesem Grund: Zu wenige und schlecht ausgebildete Soldaten konnten nur punktuell Gegenwehr leisten, die Übermacht der russischen Panzer war zu groß. Der Rest ist Militärgeschichte.

Über zwei Stunden laufe ich mit Edward durch die Gänge unter der Erde. Der Geruch des Kriegs ist dabei allgegenwärtig. Zahlreiche Gegenstände legen noch Zeugnis ab von damals. Telefone, Schießvorrichtungen, Feldbetten, Schreibmaschinen, Uniformen, Toiletten und vieles andere kann der

Besucher heute noch so besichtigen, als wäre die Anlage eben erst von den Soldaten verlassen worden. Die Weichen der Feldbahn funktionieren noch ebenso wie die Drehfunktion der Periskope, und selbst die Gummidämmung der Türen ist noch vorhanden.

Als ich mir bewusst mache, dass ich hier nur einen Bruchteil der gesamten Wallanlage vorgeführt bekomme, versagt meine Vorstellungskraft. Ganz zu schweigen davon, dass die Anlage ihrer eigentlichen Bestimmung nie gerecht wurde. Aus heutiger Sicht verspüre ich sogar ein wenig Genugtuung darüber, dass der vermeintliche Perfektionismus der deutschen Kriegsmaschinerie gerade hier nicht funktioniert hat.

Nach über einem Kilometer unter der Erde führt mich eine Treppe wieder nach oben. Das Tageslicht holt mich in die Gegenwart zurück, auch wenn mich an der Oberfläche drei runde, Köpfen ähnelnde Maschinengewehrstellungen mit leblosen Schlitzaugen gefährlich anstarren. Während ich auf einem schmalen Pfad entlang der Panzersperren wieder zum Eingang der Anlage zurückkehre, bekomme ich die Gänge unter mir nicht aus dem Kopf. Dieses Betongerippe des Kriegs irgendwann einmal aus dem Körper der Erde zu entfernen scheint unmöglich. Vielleicht war die Idee, ein Zuhause für Fledermäuse daraus zu machen, noch die sinnvollste Art und Weise, seine Existenz zu nutzen. Für den Menschen jedenfalls bleibt es ein Ort der Erinnerung an den Krieg, der nachdenklich macht. Ein begehbares, ebenso kaltes wie totes Betonmonstrum, das dem Besucher ausreichend Zeit zumutet, sich das Grauen eines Kriegs vor Augen zu führen.

Ein Bauer gegen Preußen –
der Wagen des Drzymała

Der hölzerne Zirkuswagen mitten auf dem Marktplatz des Ortes Rakoniewice, wenige Kilometer östlich von Wolsztyn, scheint auf den ersten Blick eher zufällig abgestellt worden zu sein. Im Schatten einer Weide ruht er auf vier Rädern und wirkt dabei so, als wartete er darauf, von seinem Eigentümer demnächst abgeholt zu werden. Doch es kommt keiner. Sein berühmter Besitzer Michał Drzymała, an den diese Replik des Originalwagens erinnern soll, verstarb bereits im Jahr 1937 in hohem Alter und war damals ein über die Grenzen Polens hinaus bekannter polnischer Bauer.

Bis heute kennt jedes Schulkind in Polen diesen „Wagen des Drzymała", mit dem sein gewitzter Eigentümer in den Jahren zwischen 1904 und 1909 die preußische Regierung zur Weißglut trieb. Auch in deutschen Schulbüchern findet sich ab und an schon ein Bild des berühmten Wagens. Damals wollte Michał Drzymała im nahegelegenen Ort Podgradowice auf einem von ihm erworbenen Grundstück ein Haus bauen, doch die Germanisierungspolitik der Preußen untersagte ihm dies aufgrund eines kurz zuvor verabschiedeten „Feuerstättengesetzes". Dieses sollte die weitere Ansiedlung von ortsfremden Polen in den preußischen Provinzen Posen und Westpreußen dadurch verhindern, dass es ihnen die Errichtung einer neuen Feuerstätte, also einer Heizung oder Kochmöglichkeit, verbot. Doch Drzymała ließ sich nicht unterkriegen und besorgte sich eben jenen berühmten Zirkuswagen, den er auf das Grundstück stellte und alle 24 Stunden ein kleines Stückchen verschob. Damit galt er als „nicht sesshaft" und fiel somit nicht unter die Bestimmung des Gesetzes. Die preußische Regierung sah sich von dieser dreisten Ausnutzung einer offensichtlichen Gesetzeslücke derart provoziert, dass sie über fünf Jahre hinweg einen von Schikanen geprägten Machtkampf mit dem Bauern führte, der weit über Polen hinaus die Gemüter amüsierte. In New York, Paris und London erschienen Berichte über Drzymała, und selbst Berühmtheiten wie die Schriftsteller Henryk Sienkiewicz oder Leo Tolstoi äußerten ihre Sympathien für den Mut und Witz dieses Bauern, der jeder preußischen Schikane auf seine Art eine Antwort entgegenhielt. Der Zirkuswagen wurde so schnell zum Symbol für den Kampf der Polen gegen die preußische Germanisierungspolitik.

Zahlreiche Anekdoten machten die Runde, und nicht nur einmal landete der streitbare Bauer infolge der Auseinandersetzungen im Gefängnis. Jedes Mal, wenn er dieses verließ, soll er, lautstark die polnische Hymne singend, durch die Straßen gezogen sein. Als Drzymała starb, haben sich die deutschen Zimmerer angeblich geweigert, für ihn einen Sarg anzufertigen, wobei polnischer Ersatz schnell gefunden war. In der polnischen Sprache haben sich sogar sogenannte „Drzymałysmen" erhalten wie „Aus jeder Situation gibt es einen Ausweg, und wenn nicht, kauf dir einen Zirkuswagen" oder „Polen ist ein Zirkus auf Rädern". Es mag zur Ironie der Geschichte gehören, dass der Ort Podgradowice in den Jahren dieser Auseinandersetzung auch noch den deutschen Namen „Kaisertreu" trug. Vielleicht ein Grund mehr für Drzymała, auf seine Art Widerstand gegen die Germanisierungspolitik Preußens zu leisten. Nach seinem Tod wurde das Dorf zu Ehren Drzymałas in „Drzymałowo" umbenannt und bildet seitdem einen Vorort von Rakoniewice, wo die Replik seines Wagens auf dem Markplatz steht.

Auf einer unbebauten, wilden Wiese in Drzymałowo stoße ich auf einen Gedenkstein für den Namensgeber des Ortes. Eine Platte mit seinem Antlitz und seinen Lebensdaten ist auf einem frei stehenden Stein angebracht, daneben finde ich eine Tafel mit Informationen zu der Auseinandersetzung damals. Ein Auszug aus einem Brief Drzymałas ist auf ihr angebracht, in dem er sich im Jahr 1928 bei allen Unterstützern und Spendern bedankt, die ihm nach dem verlorenen Kampf eine neue Existenz ermöglichten. Spender hatten ihm zuerst einen neuen Wagen gekauft, später erhielt Drzymała ein Grundstück vom polnischen Staat. Posthum wurde ihm noch das polnische Verdienstkreuz verliehen und auf seinem Grabstein östlich von Piła brachte man den Zusatz „Nationalheld" unter seinem Namen an. Man ist in Polen stolz auf dieses Schlitzohr. Bis heute.

In Drzymałowo hingegen erscheint mir der Ort der Erinnerung an den originellen Widerständler allzu lieblos gestaltet für einen derart polnischen Helden. Die Wiese ist verwahrlost, das Denkmal wirkt eher improvisiert. Der kahlgeschnittene, in den Himmel ragende Baumstamm hinter dem Gedenkstein tut ein Übriges, den Platz eher trostlos aussehen zu lassen. Auf einer Seite der Wiese erhebt sich zudem eine riesige Lagerhalle des Logistikunternehmens „Ponetex", die im wahrsten Sinne des Wortes dazu einlädt, sich hier vom Acker zu machen. Im nahegelegenen Gasthof „U Michała" finde ich es hingegen gemütlicher. Ich bestelle zu Ehren Drzymałas das polnische Nationalgericht Bigos und lasse mir während des Wartens mit einem Grinsen im Gesicht die ganze Geschichte von damals noch einmal bildlich durch den Kopf gehen –

besser gesagt: auf vier Rädern fahren.

Großer Gott zu groß oder: Wie groß darf Jesus sein?

Den Namen der Ortschaft Świebodzin kennt so ziemlich jeder Pole, egal, welcher Religion er angehört. Als der Bischof von Zielona Góra im Jahr 2010 dort die seinerzeit höchste Jesusstatue der Welt einweihte, überschlugen sich polnische wie internationale Medien in ihrer Berichterstattung. Die Aufregung kreiste mehr oder weniger um die Frage, wie groß Gott, respektive Jesus, eigentlich sein darf. Und: ob man eine Baugenehmigung für diese Größe Gottes braucht.

Als mir der Koloss schon einige Kilometer vor Świebodzin am Horizont seine segnenden Hände entgegenstreckt, weiß ich nicht, ob ich lachen oder weinen soll. Geradezu surrealistisch streckt sich die Figur aus der Ebene der Landschaft in die Höhe, ansatzlos, nur auf einem Hügel stehend, der den 36 Meter großen Sohn Gottes nochmals weitere 16 Meter seiner Bestimmung, nämlich dem Himmel, entgegenträgt.

Doch je näher ich diesem scheinbar allmächtigen Jesus komme, desto mehr fühle ich mich an jenen Riesen bei „Jim Knopf" erinnert, der zunehmend kleiner wird, je näher man ihm kommt. Ähnlich ergeht es mir mit diesem Riesen in Świebodzin. Als ich schließlich unter ihm stehe, quasi auf freiem Feld, nur von einem im Bau befindlichen Pilgerheim umgeben, hat er seine Faszination gänzlich verloren. Zugegeben, er wirkt groß, vor allem, wenn man das Pfarrheim daneben ins Blickfeld nimmt. Oder die Menschen, die sich aus einiger Entfernung wie Ameisen ausnehmen, wenn sie den Sockel der Figur umrunden. Dennoch schien mir dieser Jesus aus der Distanz interessanter, sakraler, nicht so weltlich. Und nicht so billig. Als ich gegen die Figur klopfe, klingt sie nach Gips, das Fundament zeigt schon Risse. Die bronzefarbenen Kreuzwegtafeln um die Figur erweisen sich als Plastik. Hier niederzuknien käme mir nicht in den Sinn, geschweige denn ein Gebet zu sprechen. Daran vermag auch die christliche Zahlensymbolik nichts zu ändern, die ihr Schöpfer im Blick gehabt haben mag, als er die Figur genau 33 Meter hoch schuf, weil Jesus angeblich 33 Jahre alt wurde. Die letzten drei Meter davon machen die Krone aus.

Vor mir gehen zwei ältere Damen um die Figur herum, und ich höre die eine fragen, warum sie eigentlich um die Figur herumgingen. Die Antwort der anderen kommt prompt: „Was soll man denn sonst hier machen?" Genau das frage ich mich auch gerade.

An den Kreuzwegstationen interessiert mich die Tafel mit den Namen der Spender mehr als deren Gestaltung. Und das Werbeschild am Zaun gegenüber für eine Firma, die Blitzableiter herstellt, gibt der Atmosphäre den Rest. Jesus als Figur reicht nicht, um sich Gott näher zu fühlen. Im Gegenteil. Hier scheint er dabei zu stören.

An jeder Ecke wird um Spenden gebeten, ohne die weder die Entstehung der Figur möglich gewesen, noch ihr Erhalt gewährleistet wäre. Die Polen spenden, auch wenn sich die Geister an der Figur scheiden. Die einen sehen in ihr die monumentalisierte Antwort auf die zunehmende Laizisierung in Polen, auf den Verfall der Werte, eine unübersehbare, visuelle Demonstration göttlicher Existenz. Andere sehen in der Figur nur den in Materie gegossenen Größenwahn eines Provinzpfarrers, der die Aufmerksamkeit liebte.

Gott höchstselbst hatte Pfarrer Zawadzki die Idee in den Kopf gesetzt – so behauptete er zumindest –, in Świebodzin eine Jesusstatue zu errichten, die noch größer werden sollte als alle anderen Denkmäler dieser Art auf der Welt, beispielsweise in Bolivien oder Rio de Janeiro. Um eine Baugenehmigung hatte er sich freilich nicht gekümmert und das Denkmal zunächst als Kleinkunst deklariert. Als man ihm auf die Schliche kam, war sein Kunstwerk längst fertig, die Diskussion in vollem Gange. Ein Abriss kam nicht mehr in Frage. Warum auch, letztlich hat es den Tourismus der Region angekurbelt und niemandem geschadet.

Neben einer der Kreuzwegstationen stoße ich auf ein Grab mit einer Tafel, die die Aufschrift trägt: *Hier ruht das Herz von Pfarrer Sylwester Zawadzki*. Als der Priester im April 2014 starb, wurde sein Herz im Hügel unter der Statue beerdigt. Freilich wieder ohne Genehmigung, und der mediale Aufschrei war erneut groß. Die einen verwiesen auf geltendes Recht, das eine solche Bestattung nicht erlaubt, andere argumentierten mit Chopin oder Piłsudski, deren Herzen in Warschau und Wilna liegen. Das hätte Pfarrer Sylwester bestimmt gefallen. In einer Reihe mit den Großen seiner Nation zu stehen – beziehungsweise zu liegen. Weniger dürfte ihm gefallen haben, dass die Peruaner in Lima im Jahr 2011 eine Jesusfigur errichtet haben, die noch einen Meter höher ist als seine. Aber davon weiß sein Herz wohl nichts.

Irgendwann werde ich wiederkommen und nachsehen, wer sich durchgesetzt hat. Aber vermutlich wird das Herz dort ebenso noch liegen wie die Figur noch stehen wird, weil die Blitzableiterfirma saubere Arbeit geleistet hat. Oder weil Gott schützend seine Hände über seinen Sohn hält. Und vielleicht auch über die Scharen von Pilgern, die gerade aus einem Bus steigen und mir auf meinem Rückweg zum Parkplatz entgegen kommen. Sie werden, was sonst, in Scharen einmal um die Figur gehen. Und dann noch mal und noch mal, damit sich die Reise in diese abgelegene Region gelohnt hat. Dann werden sie die Hände an die Figur legen und Gottes Segen erwarten, bis auch sie feststellen, dass die Skulptur innen hohl ist.

Was vom Weine übrig blieb ...

Am Beginn der Fußgängerzone in Zielona Góra begrüßt mich der eigentliche Hausherr dieser Stadt persönlich. Eine mannshohe, bronzene Bacchusfigur rekelt sich ziemlich lasziv auf einem Fass und grinst mir ins Gesicht. Schwer zu sagen, ob der Wein, den er getrunken hat, zu sauer war, oder sein künstlerischer Schöpfer zu tief ins Glas geschaut hat. Jedenfalls begreift auch der eingefleischteste Biertrinker in dieser Stadt ziemlich schnell, dass er hier offensichtlich wenig zu sagen hat. An jeder Hausecke springt mir ein kleiner Bronzebacchus ins Auge, mal am PC sitzend, mal mit Fernglas, mal ein Buch lesend. Für ein paar hundert Euro kann sich jedes Geschäft der Stadt mit einer solchen Figur im Stadtbild verewigen. Nicht wenige haben davon Gebrauch gemacht. Ein kleines Plakat an der Touristeninformation weist sogar auf die Möglichkeit hin, mittels einer App alle Bacchusse der Stadt spielerisch kennenzulernen und abzulaufen.

Ich verzichte auf dieses Angebot, nehme mir aber vor, den in dieser Region seit über 700 Jahren angebauten Wein einmal vor Ort zu probieren. Doch das Vorhaben gestaltet sich schwieriger als gedacht. Nur in zwei Weinstuben von Zielona Góra finde ich den regionalen Wein im Angebot. Und auch das erst auf Nachfrage. Auf den offiziellen Karten ist er nicht zu finden. Erst nach einigen Gesprächen mit Inhabern, Gästen und Weinbauern erklärt sich mir dieses eigenartige Phänomen.

Im 19. Jahrhundert zählte die Gegend um Grünberg zu den bekanntesten Weinanbaugebieten Deutschlands. Das besondere, atlantisch-kontinentale Klima mit einer hohen Zahl an Sonnentagen prädestinierte die Gegend für den Anbau der empfindlichen Reben. Zusammen mit zwei Partnern baute der Industrielle August Grempler hier im Jahr 1826 die einst größte Sektkellerei Deutschlands auf und etablierte den Sekt als eine der bekanntesten Marken der regionalen Gastronomie. Doch heute ist davon nicht mehr viel übrig geblieben. Auf einem Hügel der Stadt, in dem 1961 erbauten Palmengarten, finde ich lediglich noch Reste der Grundmauern seiner Kellerei sowie einige Bilder und Fotos aus der Vorkriegszeit. Der Wein, der heute hier lagert, stammt größtenteils aus dem Ausland. Einheimischer Wein ist zwar erhältlich, aber wieder nur auf Nachfrage. Stattdessen offenbart der Blick vom Hügel aus über die spärlichen Weinberge hinweg auf die Plattenbauten die eigentliche Tragik der Geschichte Grünbergs.

„Nach dem Krieg marschierten nicht nur die Russen ein, sondern auch der Wodka!", erzählt mir ein Gast scherzend. Fast alle Weinberge in Zielona Góra wurden in den Jahrzehnten nach 1945 zerstört, der letzte 1976. An ihrer Stelle wurden jene Plattenbauten errichtet, die bis heute im Stadtbild sichtbar sind.

Nur einige wenige, meist aus Ostpolen hier zwangsangesiedelte Weinpioniere begannen in den 1970er-Jahren damit, die Weintradition an einigen Orten allmählich wieder aufleben zu lassen. In jahrzehntelanger Arbeit gelang es ihnen, hier und da im Stadtgebiet oder in der Umgebung kleinere Weinberge anzulegen oder alte wiederzubeleben. Im Gegensatz zu dem 700 Hektar großen Anbaugebiet von vor 1945 gibt es heute nur noch einige Dutzend drei bis vier Hektar große Weinberge, deren Bauern den Besuchern in kleinen Degustationen ihre Erzeugnisse anbieten. Kein Wunder also, dass in Polen nur 2,4 Liter Wein pro Kopf im Jahr getrunken werden, während man zuweilen neidisch nach Frankreich blickt, wo der Weinkonsum bei über 50 Litern liegt. Als ich Joanna, die Inhaberin der Weinstube in der Altstadt, frage, warum der regionale Wein auf den Weinkarten der Stadt kaum zu finden ist, ist ihr die Antwort etwas peinlich. Es gebe so wenig Wein in Grünberg, dass es sich nicht lohne, ihn auf die

Karte zu setzen. Entweder sei er zu schnell verkauft, oder man müsste jedes Jahr neue Karten drucken, weil man nie wisse, wie viel Wein von welcher Sorte man bekomme. Überhaupt gelange nur eine geringe Anzahl an Flaschen in den freien Verkauf. Die Konzessionen seien sehr teuer, und nur wenige der kleinen Weinbauern könnten sich diese Summen leisten. Sie erzählt mir von einem Winzer, der angeblich mehrere Tausend Flaschen im Keller lagere, weil er sich das Geld für eine Konzession nicht leisten könne und außerdem die Bürokratie fürchte.

Dem Wodka der Russen folgte nach dem Krieg das Bier der Polen. Wein hingegen blieb für viele Polen eher eine Besonderheit, vielleicht sogar Kuriosität. Im Gegensatz zu Bier und Wodka können sich den polnischen Wein auch heute nur wenige Polen leisten. Über zehn Euro kostet ein Flasche, weil die kleinen, auf reiner Handarbeit basierenden Produktionsprozesse zeitaufwendig sind und teuer.

Ich besuche den Weinbauern Krzysztof Fedorowicz auf seinem Weingut „Miłosz", das ungefähr 15 Kilometer östlich von Grünberg liegt. Als ich ankomme, beklebt er gerade seine Flaschen mit Etiketten. Obwohl sich die Produktion seiner Weine in den letzten zwei Jahren fast verdoppelt hat, kann er kaum davon leben. Was sind schon 6.000 Flaschen pro Jahr, wenn jeder Gewinn dafür verwendet werden muss, neue Reben zu kaufen? Sein Traum sei es, so sagt er, irgendwann einmal 20.000 Rebstöcke zu besitzen.

Aber niemand in Grünberg baut Wein an, um damit reich zu werden. Es ist die Liebe zu einer Tradition, die in der Nachkriegszeit verloren zu gehen schien und nun mehr und mehr wieder entdeckt und weiterentwickelt wird. Vor wenigen Monaten hatte sich Krzysztof in Warschau sogar darum bemüht, seinen Wein als Biowein zertifiziert zu bekommen. Der Antrag scheiterte aber daran, dass in Warschau kein Katalog mit Normen vorlag, aufgrund welcher

Eigenschaften eine Biozertifizierung von Wein möglich ist. Es dauert also alles noch ein bisschen.

Krzysztof lädt mich ein, seine Weine zu probieren. Sechs verschiedene Rebsorten hat er im Angebot, darunter Müller-Thurgau, Pinot Noir und einen Zweigelt & Dornfelder. Ich verstehe nicht viel von Wein, doch von jener Säuerlichkeit, die der Schriftsteller Johann Trojan dem Grünfelder Wein noch im 19. Jahrhundert andichtete, spüre ich nichts. Damals spottete er über ihn: „Er ist ein Wein für Mucker / für die schlechtesten Dichter / und dergleichen Gelichter. / Er macht lang die Gesichter, / blass die Wangen; wie Rasen / so grün färbt er die Nasen. / Wer ihn trinkt, den durchschauert es, / wer ihn trank, der bedauert es. / Er hat etwas so Versauertes, / dass er sich nicht lässt mildern / und schwer ist zu schildern / in Worten oder Bildern."

Als könnte er meine Gedanken lesen, erklärte mir Krzysztof, dass das Vorurteil der sauren Weine dieser Region längst der Vergangenheit angehört. In der Hochsaison besuchen ihn fast jeden Tag Gruppen von Weinkennern aus Deutschland, Polen, aber auch aus anderen Ländern, die immer wieder überrascht sind von der Qualität der hiesigen Weine. Da Krzysztof nicht nur Weinbauer, sondern auch Dichter ist, hat er den Geschmack der Grünberger Weine in der Sprache der Poesie in seiner Werbebroschüre verewigt: „Aus der bekanntesten Rotweinsorte der Grünberger Gegend wird ein nur scheinbar leichter, in Wahrheit aber komplexer und vielschichtiger Wein gekeltert. Er enthält Noten von Kirsche, Erdbeere, Holz und Rauch, vom warmen, feuchten Waldboden und vom Sand dort am Feldrain, am Rand eines grenzenlosen Kiefernwaldes."

Müsste ich eine Entscheidung treffen, so hätte Krzysztof den Dichterstreit klar für sich entschieden. Nicht nur im Hinblick auf die Qualität seiner Poesie, sondern auch im Hinblick auf die Qualität seiner Weine. Die nächsten Jahre werden zeigen, ob es den Weinbauern der Region gelingt, die Versprechungen der Bacchusfiguren in der Stadt auch mit Wein zu füllen. Krzysztof ist noch ein wenig skeptisch. Solange der Bürgermeister dem Festival russischer Lieder in Grünberg noch mehr Aufmerksamkeit widmet als der Weinlese im September, wird es schwierig. Aber irgendwann kommt ein neuer Bürgermeister. Und dann hat Krzysztof vielleicht auch sein Ziel erreicht, 20.000 Reben auf seinem Weinberg zu haben.

Wie aus Zwergen Dinosaurier wurden oder: Gartenzwerge retten einen Ort

Am östlichen Rand der Stadt Nowa Sól in der Woiwodschaft Lebus stehe ich plötzlich einem über sieben Meter hohen Grizzly gegenüber. Ein Grizzly mitten in Niederschlesien! Noch dazu der größte seiner Art auf der Welt. Aber er ist freilich nur aus Plastik. Und nicht allein. Zahlreiche Gartenzwerge, Elefanten und Giraffen sowie Dinosaurier in Originalgröße, die gefährlich brummen, wenn man ihnen zu nahe kommt, leisten ihm Gesellschaft. Der freie Eintritt in den „Park Krasnala", also „Zwergenpark", zieht Hundertschaften spielender Kinder an, die hier am Sonntag zwischen den Figuren umhertollen oder sich auf eines der bunten Elektroautos setzen. Dabei sind die wenigsten Figuren in Zwergengröße.

Die Hauptattraktion des Parks steht jedoch etwas abseits und heißt „Soluś", was übersetzt so viel heißt wie „Salzchen". „Salzchen" steht hier seit dem Jahr 2009 und hat es bereits ins Guinessbuch der Rekorde geschafft: Mit 5,41 Metern gilt er als größter Gartenzwerg der Welt. Ein Riesenzwerg sozusagen. Dass die Bewohner von Nowa Sól es letztlich ihm zu verdanken haben, dass es der Stadt heute wirtschaftlich gut geht, wissen nur die wenigsten von ihnen.

Bis 1945 hieß der Ort noch Neusalz an der Oder, weil ab dem 17. Jahrhundert hier Salz gesiedet wurde. Anfang des 19. Jahrhunderts folgten dann große Industriebetriebe wie die Fadenfabrik „Oder" oder die Metallurgiewerke „Dozamed", die entscheidend zur Industrialisierung des Ortes beitrugen. Doch die politische Wende 1989 haben viele der großen Unternehmen nicht überlebt. Sie wurden insolvent, Tausende von Arbeitnehmern verloren ihre Jobs, und die gewaltigen Gebäudekomplexe waren dem Verfall preisgegeben.

Irgendjemand kam dann Mitte der 1990er-Jahre auf die Idee, in einer Garage Gartenzwerge herzustellen. Die Idee war ebenso absurd wie erfolgreich. Die Nachfrage erwies sich als derart groß, dass in Nowa Sól bald mehrere Hundert kleine Betriebe entstanden, die letztlich Tausenden arbeitslos gewordenen Einwohnern einen neuen Job verschafften: Gartenzwerge gießen. Das Angebot richtete sich vor allem an deutsche und andere westliche Touristen. Viele von ihnen reisten nicht nur ins Nachbarland, sondern auch in ihre alte Heimat, und möglichweise weckten die kleinen Zwerge sentimentale Erinnerungen. Ich kann mich selbst noch daran erinnern, wie wir auf polnischen Landstraßen eine Zwergenparade nach der anderen passierten und ich mich wunderte, wer diese kitschigen Genossen tatsächlich kaufte. Doch das Geschäft mit den Zwergen boomte. Dass damals auch tausendfach Raubkopien von Modellen gefertigt wurden, die eigentlich in Deutschland urheberrechtlich geschützt waren, interessierte dabei kaum jemanden.

Das Konzept funktionierte freilich nicht auf Dauer. Doch es verschaffte den Einwohnern von Nowa Sól genügend Zeit, um sich neuen Ideen zuzuwenden und in anderen Betrieben unterzukommen. Nur einige wenige Firmen im Ort entwickelten die Idee der Gartenzwerge weiter. Eine davon ist die Firma „Malpol", die ich im alten Neusalzer Industriegebiet aufsuche und die sich von Gartenzwergen auf Saurier und andere übergroße Dekorationstiere spezialisiert hat. Man muss eben mit der Zeit gehen.

Die Gegend, in der ich die Firma suche, wirkt gespenstisch. Ein Labyrinth gewaltiger, völlig verfallener Industriegebäude lässt kaum vermuten, dass es hier Menschen gibt, geschweige denn eine Firma, die Zwerge und Saurier produziert. Irgendwann finde ich den Parkplatz der Firma doch und bereue die einbrechende Dunkelheit so spät am Nachmittag. Als ich aussteige, starren mich die grünen Augen eines autogroßen Grashüpfers an, während neben ihm ein drei Meter hoher Saurier, den ich aus dem Film „Jurassic Park" zu kennen glaube, versucht, über den Zaun in die Freiheit zu springen. Ein anderer Saurier beißt dagegen in eine sechs Meter lange Weinflasche, und als ich mich umdrehe, blicke ich in das aufgerissene Maul eines noch nicht lackierten Tyrannosaurus Rex, der eigentlich einen weißen Kombibus als Abendessen ins Visier genommen hat. Hätte ich meinen Fotoapparat nicht dabei, wäre ich mir später sicher, das Szenarium nur geträumt zu haben. So aber schieße ich sicherheitshalber ein paar Fotos und betrete durch eine alte Tür die Industrieruine.

Marcin Walasek, einer der Geschäftsführer von „Malpol", erwartet mich bereits. „Das waren bis 1990 die Produktionsstätten der Fadenfabrik ‚Oder', bevor nach der Wende alles verfallen ist", erklärt er mir und hat schon seinen Computer hochgefahren. Als ich ihn frage, in welche Länder Europas er seine Figuren verkauft, lacht er nur. „Europa? Wir produzieren für die ganze Welt!" Dann zeigt er mir eine halbe Stunde lang, wo seine Tiere und Monster überall stehen. Zugegeben, die Liste ist beeindruckend. China, Russland, Amerika, Neuseeland, überall reißt man sich um seine Fiberglasdekorationen. Coca Cola und Pepsi zählen zu seinen Kunden. Der Verkaufsschlager seien aber Kühe, sagt Marcin, weil sie durch die weltbekannte „Cowparade" Konjunktur haben. In vier Jahren habe die Firma 36.000 Stück davon verkauft. Und ein vier Meter hoher „Cowlumbus" der Firma steht sogar auf einem Globus in der Fußgängerzone in Barcelona.

Es fällt mir schwer mir vorzustellen, wie in diesen engen Baracken so viele dieser Tiere und Figuren hergestellt werden können. Das Rätsel löst sich auch nicht, als Marcin mit mir durch die verfallenen Hallen spaziert, um mir die Produktionsstätten zu zeigen. Die Umgebung hier drinnen ist mindestens genauso gespenstisch wie der Parkplatz draußen. In einer großen Halle drängeln sich im Halbdunkel die unterschiedlichsten, zur Lackierung vorgesehenen Skulpturen auf engstem Raum. Ein kleiner Saurier schleckt an einem Rieseneis, ein Reh liegt quer auf einem Löwen, dessen Kopf auf das Euter einer Kuh blickt.

Elf Künstler entwerfen hier in Handarbeit die Formen, dann folgt der Guss- und Lackierprozess. In der Lackiererei stoßen wir auf zwei Arbeiter mit Masken und Schläuchen. Zwischen ihnen steht eine Kuh wie ein Auto in einer Waschanlage und wird mit Farbe übersprüht. Kaum zu glauben, was von hier aus alles in die Welt verschickt wird.

Den „Park Krasnala" hat die Firma „Malpol" als Hommage an jene Zeiten errichtet, in denen die Gartenzwerge der Stadt geholfen haben, schwierige Jahre zu überstehen. Und während „Salzchen" dort mittlerweile eine ebenso große Gefährtin zur Seite gestellt bekommen hat, blickt unweit von ihm eine kleine, strickende Zwergenoma samt buchlesendem Zwergenopa auf einer Bank sitzend ziemlich skeptisch in die Höhe. Über ihnen erhebt sich ein lebensgroßer Tyrannosaurus Rex und faucht die Kinder an. Die Zukunft hatten sich die beiden wohl irgendwie anders vorgestellt.

Im Salz der Erde

In meinem Leben gab es schon häufig Momente, in denen ich mir gewünscht habe, mal kurz von der Erdoberfläche verschwinden zu können. Jetzt aber, wo dieser Wunsch gleich Realität wird, überkommen mich Zweifel. Über 1.000 Meter soll mich der Aufzug des polnischen Bergbau- und Kupferhüttenkombinats KGHM ins Erdinnere transportieren, und ich wage mir kaum vorzustellen, wie es in diesen Tiefen unseres Erdballs aussehen mag. Die für die Reise Richtung Mittelpunkt der Erde notwendige Schulung vermittelt mir schon einen Eindruck davon, was mich erwarten könnte. So werde ich mit Lampe, Schutzbrille, Sicherheitsgurt und einem „Sauerstoffselbstrettergerät" vertraut gemacht, das mir im Fall von ausströmenden Gasen Zeit gibt, entweder noch 50 Minuten zu gehen oder drei Stunden lang ruhig zu stehen. Irgendwann geht mir dann im wahrsten Sinne des Wortes wahrscheinlich auch das Licht aus.

Fliegen und „unter Tage gehen" haben jedenfalls eines gemeinsam: Wenn irgendetwas schiefgeht, sind die Aussichten wenig rosig. Vielleicht hängen aus diesem Grund in der Umkleidekabine der Schichtarbeiter lauter übergroße Bilder halbnackter Mädchen, um sie bei Laune zu halten.

Das staatliche Unternehmen KGHM gehört zu den größten Firmen Polens und beschäftigt über 17.000 Mitarbeiter. Es baut vor allem Kupfer und Salz ab und zählt darüber hinaus zu den größten Silberproduzenten der Welt. Die Gemeinde Polkowice, die im niederschlesischen Kupferbecken liegt und in der sich eine der Salz- und Kupfergruben von KGHM befindet, zählt dank der Firma zu den reichsten ganz Polens, was man ihrem Stadtbild auch ansieht. Überall in dem kleinen Ort hängen Werbeplakate für Kreuzfahrten, der gesamte

Marktplatz mit dem Rathaus wurde in den letzten Jahren generalsaniert. Ähnlich wie bei Volkswagen in Wolfsburg hat hier fast jeder Einwohner des Ortes und der Umgebung in irgendeinem Kontext mit der Firma KGHM zu tun. Und die meisten sind stolz darauf, in diesem Unternehmen tätig sein zu dürfen. Die Bezahlung liegt weit über dem Durchschnitt und die Arbeitsbedingungen sind wesentlich besser als im Kohleabbau, weil kaum noch etwas in Handarbeit gemacht werden muss. Die Privilegien sind dennoch ähnlich. So hat man beispielsweise nach 25 Jahren unter Tage schon Anspruch auf Rente.

Den kleinen Raum des Aufzugs teile ich mir mit 36 Schichtarbeitern, die sich alle persönlich mit Handschlag begrüßen, sich ein „Gott sei mit dir" zunuscheln und dann wie jeden Tag in vier Schichten zum Salz- und Kupferabbau unter Tage fahren. Bevor es losgeht, sprechen alle ein kurzes Gebet.

Jetzt wäre ein guter Zeitpunkt, dieses Abenteuer abzubrechen, doch ich komme nicht mehr dazu. Im Stockdunkeln senkt sich der Kasten mit 70 Stundenkilometern in die Tiefe und nach einer Minute ist alles vorbei. Aussteigen. 1.020 Meter dem Erdmittelpunkt näher.

Ich habe alles hinter mir gelassen. Den Himmel, die Sonne, die Farben. Einfach alles. Was mich hier erwartet, ist eine zweite Welt unter der Erde.

Gemeinsam mit meinem Begleiter Piotr besteige ich einen Jeep, der uns mit 40 Kilometern pro Stunde in die Dunkelheit eines Tunnelsystems hineinbringt, von dem man behauptet, dass es in seinen Ausmaßen ungefähr der Stadt Breslau entspräche. Ab und an wird die Dunkelheit durchbrochen von den Scheinwerfern der Jeeps, die Stille vom permanenten Hupen, das überall aus den Gängen schallt. Vor jeder Kurve geben die Fahrer ein Zeichen, um sicherzugehen, dass sie in der Kurve nicht kollidieren. Ampeln gibt es nicht, dafür Schilder. Nach Rubin zeigt ein Schild 7 km. Unter der Erde, versteht sich. Gelegentlich begegnen wir anderen Jeeps, die uns entgegenkommen, und die Huperei in der Dunkelheit macht den Männern sichtlich Spaß. In den Tunneln links und rechts von uns erblicke ich schemenhaft die Umrisse von Maschinen in einer Größe, wie ich sie nur aus Science-Fiction-Filmen kenne. Wahre Monstermaschinen. Ein anderes Wort dafür finde ich nicht. Überhaupt werde ich das Gefühl nicht los, gerade in einem solchen Film mitzuwirken. Der Mensch wird zur Ameise, die Maschinen zum Avatar seiner Seele. Erschiene mir diese Welt nicht so faszinierend und unwirklich, ich hätte berechtigte Angst.

Von den Eisenstangen über uns im Wagen hängen Schlaufen zum Festhalten herab. Der Boden ist hügelig, die Fahrt unruhig. Der Staub nimmt ebenso zu wie der Wind. Dieser kommt freilich nicht vom Himmel, sondern von Turbinen, die an den Seiten der Wände angebracht sind und derart blasen, dass ich ab und an meinen Helm festhalten muss. Manchmal fahren wir durch einen schweren Gummivorhang hindurch, der frische und verbrauchte Luft kanalisiert. Dann gibt es den ersten Stopp.

Um mich herum ist es dunkel, nur der Schein unserer Lampen erkundet die Umgebung. Alles um mich herum schimmert im Lichtkegel weiß. Oben. Unten. Links. Rechts. Wir befinden uns jetzt auf der Ebene des Salzabbaus in ungefähr 800 Metern Tiefe.

Die Temperatur hat spürbar zugenommen. Piotr erzählt mir, dass die Durchschnittstemperatur hier zwischen 28 und 33 Grad liegt, manchmal auch höher. Doch das Salz absorbiert die Luftfeuchtigkeit, deswegen ist es hier erträglich. Weil ich es immer noch nicht glauben kann, frage ich Piotr, ob ich das Salz vom Boden auch essen kann. Nachdem er bejaht hat und ich probiert habe – es ist tatsächlich reines Salz –, klärt er mich darüber auf, dass über 90 % davon als Streusalz verwendet wird. Der Rest dient als Industriesalz und nur zwei Prozent als Speisesalz. Ich tue so, als hätte mir das Salz geschmeckt.

Die Stollen, die wir, geführt vom Strahl unser Lampen, entlanggehen, sind gewaltig. 15 Meter breit, 15 Meter hoch, und überall am Boden die Spuren der Maschinen. Als wir um eine Ecke biegen, erhebt sich eine dieser Maschinen direkt vor uns. Ein gewaltiger Haufen Technik, mehrere Meter breit, lang und hoch, an der Spitze eine große Walze mit scharfen Zahnrädern, an denen sich wiederum einzelne Zähne befinden. Auf das Signal von Piotr erwacht das Monster zum Leben und mir verschlägt es die Sprache. Und die Sicht. Dem gewaltigen Lärm folgt eine Salzwolke, die mich unweigerlich nach meinem „Sauerstoffselbstrettergerät" tasten lässt. Aber der Spuk hat nach wenigen Minuten ein Ende. Auf Piotrs Signal hin fällt das Monster wieder in den Tiefschlaf zurück. Die Wand dagegen hat enorme Spuren abbekommen. Und Salz preisgegeben, das auf einem Förderband der Maschine landet, an dessen Ende ein Laster es aufnimmt und wegfährt.

Die Vorführung war beeindruckend. Während der nächsten Kilometer Fahrt durch diese Welt unter der Erde lerne ich noch zahlreiche andere Maschinen kennen: Monstermahlmaschinen, Monstersiebe, Monsterbagger, Monsterbohrmaschinen, Monsterstaubsauger und so weiter. Die Übersetzung ins Polnische ist einfach: weil alles nur „Kombine" heißt. Schlichtweg deshalb, weil jede Maschine mehrere Arbeiten verrichten und kombinieren kann. Dafür brauchen sie bis zu 6.000 Volt starken Strom.

Einige Kurven und Stollen weiter sind wir in über 1.000 Metern Tiefe beim Kupfer angekommen, das unter dem Salz liegt. Der Unterschied macht sich schon in der Temperatur bemerkbar, denn hier herrschen knapp 40 Grad bei hoher Luftfeuchtigkeit. Es dauert nur wenige Minuten, und ich bin von oben bis unten durchgeschwitzt. Im Gegensatz zum Salz muss der Berg hier gesichert werden. Wir beobachten eine der Monstermaschinen dabei, wie sie Löcher in den Stein bohrt, dann Klebstoff einführt und anschließend eine Eisenstange eindreht. Eine solche Stange sichert 10 Tonnen Fels.

Eine weitere Maschine bohrt ebenfalls Löcher in den Fels, um die Anbringung von Sprengkörpern zu ermöglichen. Um 18 Uhr, zwischen der zweiten und dritten Schicht, wenn alle Arbeiter die Grube kurzzeitig verlassen haben, gibt es dann den großen Knall. Einen Knall, der sich aus über 230 gleichzeitig explodierenden Sprengladungen zusammensetzt und der nicht selten den Unmut der Bevölkerung in Übererde erregt. Da fallen dann schon mal die Kacheln im Bad ab, oder Gegenstände kippen um. Doch nicht jeder ist unglücklich, wenn die Versicherung von KGHM dann einspringt. Und wer in der Gegend ein Haus bauen will, bekommt sogar einen Zuschuss der Firma, um die Wände der Fundamente verstärken zu können.

Zum Abschluss besuchen wir noch ein 14 unterirdische Kilometer entferntes Pilotprojekt der EU, in dem eine besonders teure Monstermaschine, die einmalig auf der Welt ist, versuchen soll, das Erz aus dem Stein zu fördern, ohne den Stein zu zerstören. Piotr vergleicht das Projekt mit zwei Brotscheiben und einer Wurstscheibe dazwischen, die es gelte, unversehrt da herauszupuhlen. Als ich frage, ob das funktioniert, grinst er nur. Alles streng geheim.

Irgendwann sind wir dann wieder am Aufzug. Ich habe bereits jedes Zeitgefühl verloren. Im Dunkeln nach oben geht mein Traum zu Ende und ich erwache hoch oben auf der Aussichtsplattform der Firma, deren Gebäude, Rohre und Förderbänder sich wie ein Geschöpf Außerirdischer im weiten Grün der flachen Landschaft Niederschlesiens ausnehmen. Ich bin gelandet, im Himmel von Untererde, und genieße wieder die frische Luft. Mein „Sauerstoffselbstrettergerät" gebe ich mit jener Euphorie ab, die ich auch bei der Landung eines Flugzeugs empfinde. Ich möchte klatschen. Weil ich wieder dort bin, wo ich hingehöre. Zwischen Himmel und Erde.

Bunzlauer Keramik –
ein Muster erobert die Welt

Wenn ich in Schaufenstern Bunzlauer Keramik sehe, muss ich an meine Großmutter denken. Überall in ihrer Wohnung standen damals Vasen, Schüsseln, Teller und Tassen mit dem berühmten blauen Pfauenaugenmuster in den Schränken. Bei meinen Eltern habe ich diese Art von Geschirr nie gesehen, geschweige denn bei meinen Freunden. Wir betrachteten es als Dekor einer älteren Generation, das wohl zusammen mit ihr aussterben würde. Ein Geschäft, das Bunzlauer Keramik verkaufte, galt als Souvenirladen für Erinnerungsstücke an eine längst vergangene Zeit. Und den Ort Bunzlau, wenn es ihn überhaupt gab, stellten wir uns als eine Art gedeckter Tisch mit Straßen zwischen blau-weiß bemalten Tellern und Tassen vor.

Meiner Generation fehlt die Erinnerung an die Zeit vor dem Krieg, als die Bunzlauer Keramik fast in jedem deutschen Haushalt zu finden war. Der Krieg kam einer Zäsur gleich, der dieser Tradition zunächst ein Ende setzte. Das niederschlesische Bunzlau wurde nach 1945 zum polnischen Bolesławiec, die deutsche Bevölkerung vertrieben und damit auch der Keramikproduktion ein jähes Ende gesetzt. Nur einige wenige der vertriebenen Töpfer versuchten, in Deutschland ihr Handwerk fortzuführen. Ein zweites Bunzlau fanden sie nicht. Stattdessen versuchten polnische Betriebe seit den 1950er-Jahren, die Vorkommen des weißen Lehms um Bolesławiec zu nutzen und eine eigene, nun polnische Keramiktradition zu begründen. So finde ich heute im Bunzlauer Keramikmuseum Vasen und Teller aus kommunistischen Zeiten, deren Muster unverkennbar darauf hindeuten, dass diese Region auch optisch polonisiert werden sollte. Keine deutschen Pfauenaugen mehr in polnischen Küchen, stattdessen Blumendekor und Blütenmuster.

Spätestens bei der Einfahrt in das heutige Bolesławiec wird mir klar, dass vom Aussterben der Bunzlauer Keramik keine Rede sein kann. Überall im Ort werben Schilder der Manufakturen mit ihren Produkten, und auf dem Marktplatz lassen die Plastiktüten der Touristen erkennen, weshalb diese gekommen sind. Als ich an einer Straßenkreuzung ein Pärchen mit zwei Dalmatinern an der Leine sehe, stellt sich mir unweigerlich die Frage, ob diese Rasse mit ihren zahlreichen Punkten nicht auch irgendwie auf einen Bunzlauer Urhund zurückgehen könnte.

Obwohl Bunzlau der Geburtsort des deutschen Barockdichters Martin Opitz ist und die Stadt ihm zu Ehren sogar ein Denkmal aufgestellt hat – gegen die Popularität der Keramik hat er keine Chance.

Nach der politischen Wende 1989 entstanden in Bolesławiec mehrere größere und kleinere Betriebe, die der Bunzlauer Keramik weltweit zu neuer Blüte verholfen haben. Der Betrieb „Manufaktura" zählt zu den größten von ihnen und bietet mir einen tiefen Einblick in die heutigen Produktionsverfahren. Allerdings, so warnt mich meine Begleiterin Ewa gleich zu Beginn unseres Rundgangs, könne sie mir freilich nicht alles verraten. Das sei wie bei Coca Cola. Ein Geheimnis müsse bleiben, sonst könne ja jeder kommen und aus Wasser und Lehm Bunzlauer Keramik imitieren! Ursprünglich war auch die „Manufaktura" ein Familienbetrieb, aber heute arbeiten hier über 200 Angestellte. Eine davon, der wir beim Modellieren einer Tasse zusehen, fertigt davon 700 Stück pro Tag. Die Fingerfertigkeit und Schnelligkeit, mit der sie aus einem Klumpen Lehm die Tasse zaubert, lässt mich staunen. Nach dem ersten Brennvorgang folgt in einem weiteren Saal das Bemalen der Produkte in Handarbeit. Unbedingt in Handarbeit, denn sonst wäre es keine Bunzlauer Keramik. Als mir im Gespräch das Wort Porzellan herausrutscht, korrigiert mich Ewa sofort. Bunzlauer Porzellan gibt es nicht. Sonst könnte man es nicht in die Spülmaschine stecken, weil die Bestandteile von Porzellan viel empfindlicher seien.

Mehr als zwanzig Angestellte, die meisten davon sind Frauen, geben in einem klassenzimmerähnlichen Saal mit vielen Pinseln und Wasserbechern jedem Teil ein eigenes Gesicht. Teller, Tassen, Vasen, Kaffeekannen, Töpfe, Glocken – die Palette der Formen und Muster kennt kaum Grenzen. Freilich gibt es auch wieder das klassische Pfauenauge, das in Erinnerung an einen einstigen deutschen Fabrikanten auch „Dekor Paulus“ genannt wird. Es wird vor allem von Polen, aber auch noch von Deutschen gekauft, erzählt Ewa. In diese beiden Länder gehe allerdings nur noch ein kleiner Teil der Gesamtproduktion. Deren Großteil lieferte die Firma hingegen nach Amerika, allerdings mit anderen Mustern. Amerikaner lieben es bunt, möglichst viele Farben und Punkte. Japaner hingegen mögen gelb auf blau, Russen am liebsten Blumen. So hat jedes Volk seinen eigenen Geschmack. Je nach Perfektion werden die Produkte in eine erste, zweite und vierte Klasse eingeteilt. Als ich nach der dritten Klasse frage, muss Ewa lachen. Die werde nur von einer anderen Firma verkauft, die dafür keine zweite Klasse habe, erklärt sie mir. Das diene dem Marketing, damit der Kunde zögere, weil er neben erster und zweiter Klasse nur die vierte als Option habe. Die klingt dann schon ziemlich kaputt. Ist freilich auch am billigsten. Mir wird schnell klar, dass man auch in Bolesławiec die Prinzipien des freien Marktes schnell kapiert hat. Man weiß, wie man die Kunden dazu bringt, ihr Geld auszugeben …

Nach dem Bemalen folgt eine Glasur, schließlich ein zweiter und letzter Brennvorgang. Manche Farbe verändert nach dem Brennen ihr Aussehen, so dass sich die Künstler schon vorher gut überlegen müssen, wie das Produkt nach dem Brennen aussehen soll. Die Technik der Herstellung, so erzählt mir Ewa, hat sich im Grundsatz seit Jahrhunderten nicht sehr geändert. Es gab immer nur kleine Verbesserungen, die häufig auch aus dem technischen Fortschritt hervorgingen. Nur das Produkt, das letztlich auch den Stempel des jeweiligen Herstellers in der Region erhält, gilt als Bunzlauer Keramik. Am teuersten sind dabei sogenannte Superunikate, die neben dem Stempel noch die Signatur des Designers tragen. Die Möglichkeiten, sein Geld auszugeben, sind also unbegrenzt. Wenn ich möchte, schlägt mir Ewa am Ende der Führung vor, könnte ich auch meinen eigenen Teller- oder Tassenwunsch in Auftrag geben. Aber ich verzichte darauf und kaufe lieber eine kleine Kuh, die als Milchkännchen verwendet werden kann. Zweiter Klasse, um sicher zu gehen, dass sie kein Loch hat. Und im klassischen Pfauenmuster. Zur Erinnerung an meine Großmutter.

Verrückt nach Geschichte –
die faszinierende Welt des Dariusz Miliński

Wer das Örtchen Pławna Górna nicht sucht, findet es auch nicht zufällig. Es liegt irgendwo im Grünen inmitten der kleinen Landstraßen zwischen Jelenia Góra und Bolesławiec. Auch im Internet halten sich die Einträge über dieses Dorf in Grenzen. Es gibt diese Orte, die auf den ersten Blick gänzlich unbedeutsam scheinen, abgelegen und unbeachtet vom Rest. Doch manchmal verbirgt sich in ihnen Erstaunliches.

Als ich auf der Landstraße durch den Ort fahre, blickt mich plötzlich von rechts ein mehrere Meter hoher, blauer Kopf mit Bart und Hut aus dem Gras an. Links hingegen grüßt mich ein ebenfalls mehrere Meter hoher Berggeist vor einem Schloss, das sich so surreal aus der Landschaft hebt, dass ich für einen Moment Zweifel habe, ob ich am Steuer eingeschlafen oder an der letzten Kreuzung Richtung Disneyland abgebogen bin. Bin ich aber nicht. Im Gegenteil. Ich bin wach geworden in der Welt des Dariusz Miliński, jenes Malers, Bildhauers und Künstlers, der hier sein Reich gegründet hat und der von den Menschen in der Umgebung nur der „Sonderling aus Pławna Górna" genannt wird.

Schon von weitem winkt mir Dariusz zu, der gerade aus dem Schloss tritt und neben dem Berggeist so aussieht, als gehörten sie beide zur Familie. So wie Dariusz hatte ich mir immer Noah vorgestellt. Klein, ein wenig gedrungen, graue, wallende Haare. Nur schweigsamer. Noch bevor ich dazu komme, mich vorzustellen, setzt eine Wortflut ein, wie ich sie bislang nur vom Geräusch vorgespulter Kassetten aus meiner Kindheit gehört hatte. Satzzeichen, Atempausen, all das braucht Dariusz nicht, um seinen Erzählstoff an den Mann zu bringen.

Schon jetzt wird mir klar, dass man mit der Energie dieses Mannes wohl eine Großstadt beleuchten könnte. Dabei sollte das nur der Anfang sein.

Pławna Górna ist Miliński. Oder umgekehrt. Hier hat er sein „Schloss schlesischer Legenden" aufgebaut, in dem er in penibler Kleinarbeit Geschichten und Alltäglichkeiten der Region liebevoll rekonstruiert. Kinder und Jugendliche kommen an manchen Tagen in mehreren Bussen aus dem Umland hierher, um sich mit regionalen Geschichten und Eigenheiten vertraut zu machen. In einem der Räume hat Miliński lebensgroße Figuren modelliert, welche von den Kindern an Schnüren bewegt werden können, um auf diese Weise die dazugehörigen Sagen nachzuspielen. Als Miliński anfängt, eine Sage von Rübezahl an den Schnüren nachzuspielen, überkommt mich ein Schauer. Da kommt kein 3D-Kino mit, kein Computerspiel. Mir offenbart sich die wahre Kunst sinniger Unterhaltung.

Um das Schloss herum stehen einzelne Hütten, in denen die Kinder lernen können, wie Steinmetze, Drucker oder andere Handwerker einst hier gearbeitet haben. Auf der anderen Straßenseite können sie sich dann in einer gewaltigen Holzfestung, die Miliński als Abenteuerspielplatz errichtet hat, austoben.

Noch bevor ich irgendetwas fragen kann, stehen wir, wieder eine Straße weiter – man glaubt es nur, wenn man es gesehen hat –, vor einer in biblischer Originalgröße errichteten Arche Noah mit Tieren und einem Museum im Innern. Wie einst Noah, klettert Miliński oben an Deck und winkt. Ich kann mich kaum halten vor Lachen. Genau so muss es damals ausgesehen haben.

Noch während ich staune, erzählt mir Miliński stolz, dass er für keines seiner Projekte eine Baugenehmigung eingeholt habe. Sich um solche Kleinigkeiten zu kümmern, dazu fehlte ihm dann wirklich die Zeit. Später hat niemand mehr danach gefragt.

Kein Text der Welt vermag das Surreale dieser Bilder, die sich dem Besucher von Pławna Górna bieten, einzufangen. Als ich irgendwann doch dazu komme, Miliński zu fragen, wie und vor allem warum er das alles macht, erfahre ich, dass er seit Jahren um fünf Uhr aufsteht und spät abends ins Bett geht. In der Zwischenzeit malt er Bilder, modelliert Sagenfiguren oder Tiere, streicht die Arche mit Lack oder ersteigert irgendwo ein neues Sammlerstück für sein Museum. Seine Bilder, die in vielen Städten der Welt ausgestellt werden und von deren Verkauf er seine Projekte finanzieren kann, präsentiert er in einer eigenen Galerie. Seine Fantasie finanziert sein Leben. Oder das Leben seine Fantasie.

Eigentlich kam ich aber aus einem ganz anderen Grund. Und irgendwann schaffe ich es, Dariusz mein Anliegen vorzubringen. Ich wollte sein „Museum der Umgesiedelten und Vertriebenen" besuchen, von dem ich gehört hatte. „Ach, das Museum!", sagt er, „da fahren die Touristenbusse eigentlich immer vorbei." Wenige Minuten später öffnet er mir ein altes Bauernhaus, das er für das Museum selbst instand gesetzt hat. Wieder fehlen mir die Worte. In mehr als zehn Räumen hat er das Zusammenleben von Deutschen und Polen im Niederschlesien der Nachkriegszeit bis ins kleinste Detail nachgestellt. In einem Raum eine Familie beim Essen, dann Frauen beim Nähen und Waschen, die Szenerie eines Meldebüros, eine Gruppe Neuankömmlinge aus Ostpolen auf Haussuche und so weiter. Während ich in einem Raum Bauern beim Mähen von Getreide zuschaue, höre ich Miliński im Hintergrund sagen: „Sie säten deutsche Samen und ernteten polnisches Getreide. Manchmal aßen sie das Brot noch zusammen." Jahrelang hat Miliński alles gesammelt, was diese Zeit dokumentiert. Aus Ärger darüber, dass die Polen damals vieles zerstört oder weggebracht haben, aus Angst, die Deutschen kämen wieder zurück.

Miliński, der 1957 in Cieplice Śląskie zur Welt kam, schreibt in seiner Biografie: „Unser Haus war ein ehemaliges

Pfarrhaus der Kirche des Heiligen Martin, die von der Familie der Schaffgotsch in Sobieszów erbaut worden war. Das heißt, ich wuchs in deutschen Dekorationen auf, aber in den Realitäten Volkspolens."

Schon in seiner Kindheit war Miliński fasziniert von dem Nebeneinander deutscher und polnischer Gegenstände in seinem Alltag. So vieles war von den Vertriebenen zurückgelassen und von den Neuankömmlingen adoptiert worden, dass eine Trennung der Alltagsgegenstände nach nationaler Zugehörigkeit kaum mehr möglich war. So begann Miliński zu sammeln, was ihm aus der unmittelbaren Nachkriegszeit in die Hände fiel. Alte Gummistiefel, Instrumente, Zuckerdosen, Uniformen, Kleider, Fotos, Gebetsbücher, ja sogar alte Skier, die ein Ostpole hierher mitgenommen hatte. Seine Begeisterung liegt in dem Nebeneinander der Kulturen begründet, das sich auch in seinem Museum widerspiegelt. Die deutsche Grießdose steht neben polnischem Kaffee, eine Frau in deutschen Kleidern speist neben einer Frau in polnischen Gewändern, deutsche Teller stehen neben polnischen Tellern, deutsche Familienfotos neben polnischen. Wie ein einzelner Mensch in der Lage sein kann, ein solches Museum aufzubauen (an die Arche, das Schloss, die Bildergalerie und den Spielplatz will ich gar nicht denken), bleibt ein Rätsel, das zu lösen ich nicht im Stande bin. Reicht es wirklich, früh aufzustehen?

Ich gehe durch das Museum wie durch eine andere Zeit. Die Figuren und deren Umfeld in den einzelnen Räumen sind derart realistisch und originalgetreu angefertigt, dass man meinen könnte, sich in der unmittelbaren Nachkriegszeit zu befinden. An kaum einem anderen Ort Westpolens habe ich die Intensität der Geschichte dieser schwierigen Zeit so plastisch vorgeführt bekommen wie hier. Von einem Künstler, der sich diese nicht aus Büchern mit Fußnoten angeeignet hat, sondern der geprägt ist von seiner Kindheit, die ihn dazu inspirierte.

Nach mehreren Stunden Rundgang durch sein Reich komme ich schließlich bei einer Tasse Kaffee in seiner Galerie wieder zu mir. Dutzende seiner Bilder in allen erdenklichen Größen hängen und stehen hier herum. Sein Vorbild Pieter Bruegel ist dabei in den Gestalten der Bilder unverkennbar, nur bildet meist Schlesien den Hintergrund der Motive.

Beim Herausgehen fällt mir in einer Vitrine in der Ecke der Anzug eines Skispringers auf. „Ach der", sagt Miliński und winkt ab, „der gehört Adam Małysz. Ich habe ihn mal ersteigert zugunsten behinderter Kinder. Soll er den Kindern hier Freude machen." Zum Abschied muss ich Miliński umarmen.

Wieder im Auto fühle ich mich unsagbar klein. Und während ich aus Pławna Górna herausfahre, winkt mir im Rückspiegel ein Berggeist nach. Miliński? Oder der vor dem Schloss? Hier, in Pławna Górna, gibt es da keinen Unterschied.

Zwei Waggons voll Erinnerung

Auf dem Marktplatz des kleinen Ortes Węgliniec, im Nordwesten der Woiwodschaft Niederschlesien, stoße ich auf zwei merkwürdige, ziemlich alt aussehende Eisenbahnwaggons. Sie stehen auf einem 30 Meter langen Stück Schiene und umschließen mit ihren Puffern einen Baum. Letzterer war zuerst da und weil man ihn nicht fällen wollte, erklärt mir Alfred Janicki, entschloss man sich zu dieser Lösung. Er ist Initiator und Kurator des „Museums der polnischen Kresy", das er vor über 15 Jahren in den beiden Waggons eingerichtet hat und das an die Zwangsaussiedlung der Polen nach 1944 erinnern soll. Die meisten Familien, die heute in dieser Region leben, mussten damals ihre ostpolnische Heimat verlassen, die in der polnischen Sprache als *Kresy* bezeichnet wird und die seitdem zur Sowjetunion gehört. In Zügen, deren Ziele ebenso unbekannt wie unterschiedlich waren, wurden mehrere Hunderttausend von ihnen unter teils grauenvollen Bedingungen in den Westen abtransportiert, wo sie eine neue Heimat finden mussten. Für einige war Węgliniec Endstation, das früher Kohlfurt hieß und schon seit der Mitte des 19. Jahrhunderts zu einem wichtigen Bahnknotenpunkt ausgebaut worden war. Während 1945 hier Züge mit Polen aus dem Osten ankamen, fuhren andere Züge mit Deutschen von hier Richtung Westen ab. Vertriebene trafen auf Vertriebene an einem Bahnhof.

Mir gefällt der Baum in der Mitte der beiden Waggons. Vielleicht war das Symbol so nicht geplant, doch in ihm ruht die Tragik dieser gewaltigen Bevölkerungsverschiebungen der unmittelbaren Nachkriegszeit. Er könnte für das Leben stehen, das Polen wie Deutsche in einer neuen Heimat beginnen mussten.

Herr Janicki musste Ostpolen mit sechs Jahren verlassen und strandete zuerst in Breslau. Später wurde er Schuldirektor und Bürgermeister in Węgliniec. „Ich musste von Polen nach Polen fliehen", sagt er und spielt damit auf die Verbrechen ukrainischer Nationalisten an, die vielen Ostpolen in den Kriegs- und Nachkriegsjahren zum Verhängnis wurden.

„Früher", so erzählt er mir, „durfte man über diesen Teil der Geschichte nicht offen sprechen. Als dann 1989 die politische Wende kam, hatte ich das Gefühl, dass Bedarf besteht. Am Sprechen über diese Zeit. Und am Erinnern." So organisierte Janicki Anfang der 1990er-Jahre erst kleinere Treffen zu Weihnachten, bei denen alte Traditionen wieder belebt wurden. Bald nahmen über 200 Personen daran teil. Aufgrund des immer größer werdenden Interesses folgten Mitte der 1990er-Jahre zwei Festivals, bei denen Lieder und Texte aus der alten Heimat vorgetragen und typische Speisen serviert wurden. Posener Pierogi schmeckten nun mal ganz anders als die ostpolnischen, auch die Mohnklöße wurden auf andere Weise zubereitet. Schließlich entstand die Idee zu dem Museum, das im Jahr 2001 eröffnet werden konnte. Viele der hier lebenden Familien, so erklärt mir Janicki, hatten noch persönliche Gegenstände zu Hause, die sie selbst oder ihre Eltern damals bei sich trugen. In den beiden Waggons, die jenen entsprechen, in denen die Umsiedlung damals stattgefunden hat, sammelte Janicki dann alles, was an den Alltag in der alten Heimat erinnern konnte: Leinendecken mit den typisch ostpolnischen Kreuzmustern, Mörser für Getreide, Spinnräder, ein altes Bett, eine Wiege oder Bügeleisen aus jener Zeit wurden abgegeben. Am wertvollsten ist eine alte Muttergottesfigur aus dem Ort Buczacz, die jemand mitgenommen hatte. Vor einigen Jahren kam eine Frau nach Węgliniec zu Besuch, die die Figur aus ihrer Heimatstadt wiedererkannte. Sie sei weinend davor niedergesunken, erzählt mir Janicki. Im zweiten Waggon hat er Dokumente gesammelt, Fotos, Zeugnisse, Ausweise. Eine Karte Vorkriegspolens vermittelt einen Überblick über die Verschiebung, die Polen nach 1945 in Richtung Westen erfahren hat. Ein Drittel seines Gebietes verlor es an die Ukraine. Dafür erhielt man ein kleineres Gebiet im Westen, in den niemand wollte. Eine Reihe von Schildern verweist darauf, aus welchen Orten die Bevölkerung hier ankam. Die beiden Zahlen darunter stehen für die jeweils umgesiedelten Personen sowie die im Vorfeld der Umsiedlung Ermordeten. Rudwiany 530, 36, Bernadówka 280, 13 usw. Janicki beschäftigt sich seit vielen Jahren mit dieser Geschichte und hat die Zahlen akribisch recherchiert. Auf einer Tafel finde ich den Spruch: *Der Mensch kann überall leben, aber sein Herz bleibt dort, wo er geboren und erzogen wurde.*

Ob er Sehnsucht habe nach seinem Geburtsort Trembowla, der heute in der Ukraine liegt, frage ich Janicki. Doch sein Nein klingt glaubhaft. Für viele Familien hat sich der Lebensstandard durch die Umsiedlung verbessert. Die meisten haben sich mit den neuen Verhältnissen arrangiert, dabei gab es anfangs auch Probleme. So sei es Mitte der 1950er-Jahre noch unmöglich gewesen, dass ein Mädchen aus Podolien einen Jungen aus Wolhynien heiratete, auch wenn jetzt beide in Węgliniec lebten. Doch die Zeiten sind vorbei. Die Unterschiede von einst gibt es nicht mehr. Nur die Wut auf die Ukrainer, unter denen viele Ostpolen im Krieg gelitten hatten, sei bei vielen älteren Menschen noch nicht verflogen. Mit den Deutschen hingegen habe man hier keine Probleme, im Gegenteil. Seine kleine Enkelin habe sogar einen deutschen und polnischen Pass, erzählt Janicki stolz.

Als er nach zwei Stunden Führung durch die zwei kleinen Eisenbahnwaggons die schweren Schiebetüren zuzieht, habe ich das Gefühl, er schließt damit auch seine Erinnerung ab und kehrt in die Gegenwart zurück. So pragmatisch das klingt, so lebt Janicki auch mit seiner Vergangenheit. Sein Museum versteht er als Möglichkeit, für einen Moment lang in eine längst vergangene Zeit zurückzukehren. Oder sie als junger Mensch nachvollziehen zu können. Beim Hinaustreten aber soll der Besucher wieder die Luft des Hier und Jetzt atmen.

231 km LIPSK
WENECJA 679 km
12437 km HOLLYWOOD
1051 km CANNES
350m GALERIA ZA MIEDZĄ
LUBOMIERZ

Ein Ort, der Filmgeschichte schrieb

Die Abzweigung von der Landstraße zwischen Jelenia Góra und Görlitz nach Lubomierz ist nicht zu übersehen. In großen, weißen Buchstaben steht auf einem mannshohen Zaun der Titel eines der berühmtesten Werke der polnischen Filmgeschichte geschrieben: *Sami Swoi*. Den Titel ins Deutsche zu übersetzen ist schwierig. Am ehesten vielleicht mit „Wir unter uns". Aber der Film, der aus dem Jahr 1967 stammt, richtet sich auch nicht an Deutsche. Vielmehr hält er den Polen, ähnlich wie bei uns die „Feuerzangenbowle" mit Heinz Rühmann, einen Spiegel vergangener Zeiten vor, nämlich jener schwierigen Nachkriegsjahre, als viele ostpolnische Familien aus ihrer Heimat, die nun ukrainisch geworden war, in die neuen Westgebiete übersiedeln mussten. Aus der ostpolnischen Vertrautheit in eine undefinierbare, nicht deutsche, aber auch noch nicht richtig polnische Fremde, in der alle auf sich selber gestellt waren.

In „Sami Swoi" kommt die ostpolnische Familie Pawlak mit dem Zug im neuen Westen an und sucht, erschöpft und verzweifelt, nach einer neuen Bleibe. Bis sie durch Zufall auf ihre ehemalige ostpolnische Nachbarsfamilie Kargul trifft, die sich ebenfalls hier niedergelassen hat und mit der sie seit Jahrzehnten eine innige Feindschaft verbindet. Hatte doch der Vater von Pawlak einst drei Zentimeter ins Feld von Kargul gepflügt, weshalb der Streit eskalierte und, über den Nachbarszaun hinweg, immer skurrilere Züge annahm. Jetzt, in dem fremden Westen, scheint der vertraute Feind besser zu sein als ein fremder oder gar kein Feind. „Er ist ein Feind – aber einer von uns!", sagt Pawlak in einer Szene und scheint irgendwie zufrieden. Also wohnt man wieder zusammen, baut einen neuen Zaun. Und fühlt sich durch das gemeinsame Streiten über den Zaun hinweg wieder wie zu Hause im so vermissten Ostpolen (nur die Mutter von Pawlak will sich partout nicht von ihrem Säckchen mit alter Erde aus der Heimat trennen!).

Ähnlich wie die Feuerzangenbowle hatte die Komödie „Sami Swoi" generationenübergreifenden Erfolg. Die älteren Polen fühlten sich durch den Film an ihre eigene Vergangenheit erinnert, die sie nach dem Krieg durchleben mussten. Sie lachten sozusagen über sich selber. Die jungen Polen hingegen lachten über eine Komik, die sie zwar verstanden, aber selber nicht mehr nachvollziehen konnten. Bis heute gehören viele Szenen und Dialoge zum polnischen Alltagskulturgut.

Die kleine Stadt Lubomierz, in der die wenigen Stadtszenen des Films gedreht wurden, versucht bis heute, aus der Berühmtheit als Filmkulisse touristisches Kapital zu schlagen. So stoße ich am Ende des langgezogenen Marktplatzes, den ich schon aus dem Film kenne, auf einen Wegweiser, der den Anspruch dieses kleinen, rund 2.000 Einwohner fassenden Ortes scherzhaft untermauert: *Hollywood 12437 km, Cannes 1051 km, Venedig 679 km.* Daneben hat sich an einer Wand so ziemlich alles mit Unterschriften verewigt, was in der polnischen Filmgeschichte Rang und Namen hat. Mit Władysław Hańcza (Kargul) und Wacław Kowalski (Pawlak) natürlich auch die beiden Hauptdarsteller der berühmten Komödie. Beide Charaktere treffe ich in feindschaftlicher Verbundenheit als lebensgroße Figuren vor ihrem eigenen Museum wieder. Das Museum „Kargul und Pawlak" ist das Kernstück des Ortes, in dem seit Jahren auch das Festival der polnischen Filmkomödien stattfindet und in dem, selbstverständlich, auch spezielle Führungen zu den Drehorten von „Sami Swoi" angeboten werden. Viele Originalutensilien des Films finde ich im Museum wieder: den Benzinkanister, mit dem Pawlak das Feld von Kargul anzündet und durch explodierende Sprengminen russische Panzer anlockt. Eines der Gewehre, mit denen sie immer wieder aufeinander losgehen, ihre Hüte, ein Fahrrad und eine Granate, die Pawlaks Mutter ihrem Sohn zur Gerichtsverhandlung mitgibt mit den Worten: „Gericht ist Gericht, aber die Gerechtigkeit muss auf unserer Seite sein!" Einige der Filmszenen, die in einem kleinen Raum gezeigt werden, sind sogar mit eigens angefertigten Figuren im Museum nachgestellt.

Für viele polnische Besucher ist das Museum ein Ort der Nostalgie und der Erinnerung – entweder an die Zeit nach dem Krieg oder an die eigene Kindheit, in der man den Film sah, welcher ebenso witzig wie tiefsinnig die Tragik der Westverschiebung in eine sonderbare Komik überführt. Besonders komisch finde ich allerdings, dass ich diesen Film nirgends in Lubomierz kaufen kann. Eigentlich gibt es in dem Museum alles zu kaufen, was sich irgendwie zu Geld machen lässt. Tassen mit aufgedruckten Filmszenen, Postkarten, Magnetsticker, Lesezeichen … aber keine DVD mit dem Film. Als ich nachfrage, scheint das niemandem wichtig. Den Film kennt doch eh jeder. Und Ausländer verlangen ihn selten, zumal er nicht synchronisiert ist. Ein polnischer Film für Polen also. Eigentlich ein Witz. Aber irgendwie ein guter.

Wałbrzych / Waldenburg

Wenn Not erfinderisch macht: die Elendsschächte bei Wałbrzych

Noch während ich die Klingel einer Mietwohnung in der Altstadt von Wałbrzych drücke, überlege ich, vielleicht doch noch schnell umzukehren. Die Adresse von Roman habe ich über ein paar Umwege durch das Internet gefunden, ganz einfach war es nicht. Obwohl Roman sich auch öffentlich zu seiner Arbeit in den Waldenburger Elendsschächten bekennt, ist diese illegal. Er passt also auf, mit wem er sich verabredet. Er ist Mitbegründer eines Vereins, der sich „Komitee zur Verteidigung der Elendsschächte" nennt und vor einigen Jahren noch mehrere Tausend Aktivisten mobilisieren konnte. Ende der 1990er-Jahre hatte die Stadt Wałbrzych beschlossen, die unrentabel gewordene Kohleförderung in der Region endgültig einzustellen und alle Gruben zu schließen. Über 15.000 Bergleute wurden plötzlich arbeitslos, alle Verhandlungen und Großdemonstrationen blieben ohne Erfolg. Da in den Wäldern um Wałbrzych die Kohle aber nur wenige

155

Meter unter der Erde zu finden ist, begannen die Arbeiter in ihrer Not, wilde Schächte zu graben und die Kohle auf eigene Faust zu fördern. Illegal, verfolgt von der Polizei und immer im Bewusstsein, ihr Leben in den provisorischen Schachtkonstruktionen zu riskieren. Bis heute hat sich an dieser Situation in Wałbrzych nicht viel geändert. Nur ist die Zahl der illegalen Bergarbeiter mittlerweile zurückgegangen und damit auch die Mitgliederzahl von Romans Verein. Die meisten von ihnen sind in Rente gegangen, andere haben sich neue, sicherere Jobs gesucht. Doch einigen blieb nichts anderes übrig, als bis heute ihren Lebensunterhalt in den Wäldern von Wałbrzych zu verdienen. Zu ihnen gehört auch Roman.

Als er mir öffnet, stehe ich einem Mann gegenüber, dessen Alter ich nur schwer schätzen kann. Er mag um die 60 sein, vielleicht auch jünger. Man sieht ihm jedenfalls an, dass er sein Geld nicht im Büro verdient hat. Er begrüßt mich freundlich, doch ich spüre, dass auch er auf der Hut ist. Schließlich kennen wir uns nicht, und das ist in seiner Branche gefährlich. Noch bevor er mir einen Kaffee anbietet, drückt er mir ein großes Banner in die Hand mit der handgeschriebenen Aufschrift *Komitee zur Verteidigung der Elendsschächte*. Wie zufällig, klingelt es ein zweites Mal an der Tür, ein Fotograf kommt herein und macht sofort von Roman und mir samt Banner ein Foto. Meine Nervosität steigt. Sollte dieses Foto mit meiner eindeutigen Sympathiebekundung für den Verein ein mögliches Druckmittel sein, um sicher zu gehen, dass ich nicht von der Polizei bin? Oder freut sich Roman nur, ein Foto mit einem ausländischen Unterstützer zu haben?

Überall an den Wänden im Wohnzimmer hängen Ölbilder mit Szenen von Bergarbeitern während ihrer Arbeit in den Elendsschächten. Geheimnisvolle Nachtszenen mit grellen Scheinwerfern, Polizeiautos, Kohlegruben im Winter, aus denen Männer schwere Säcke auf dem Rücken abtransportieren. „Ich habe diese Bilder bei einem Freund in Auftrag gegeben, um unsere Arbeit zu dokumentieren", sagt Roman, der nie eine Rente erhalten hat, weil er die dafür erforderliche Anzahl von Jahren im Untertagebau nicht erreicht hat, bevor die Gruben schlossen.

Dann fahren wir los. Drei oder vier Kilometer außerhalb der Stadt lassen wir das Auto stehen und schlagen uns im wahrsten Sinne des Wortes in die Büsche. Meine Nervosität will nicht weichen. Wenn mir hier etwas passiert, findet mich niemand. Doch Roman wirkt mittlerweile entspannt, erzählt mir ohne Punkt und Komma aus seinem Leben und seinem Arbeitsalltag in den Elendsschächten. Vor der Polizei habe er keine Angst, sagt er und drängt mich geradezu, seinen echten Namen in meiner Reportage zu nennen. „Alle wissen, dass die Stollen damals zu früh geschlossen wurden und dass uns nichts anderes übrig blieb, als hier draußen in der Illegalität unser Geld zu verdienen", erzählt er und fügt etwas resigniert hinzu: „Jetzt muss die Stadt sehen, wie sie mit dem Problem auf Dauer fertig wird."

Jeder Versuch, wenigstens eine legale Kohlegrube zu erhalten, um die größte Not zu lindern, war damals zum Scheitern verurteilt. Aber in aller Härte gegen den wilden Kohleabbau vorzugehen, davor schrecken die Behörden bis heute zurück, obwohl ja weitgehend bekannt ist, wo sich die Gruben ungefähr befinden. „Die tun so, als ob sie uns nicht sähen, und wir tun so, als ob es uns nicht gäbe", fasst Roman die Situation zusammen.

Mittlerweile passieren wir die ersten kleinen Schächte in dieser Wildnis, einige Löcher sind eingestürzt, andere befinden sich noch im Bau. Roman weiß genau, durch welchen Busch wir uns durchschlagen müssen, um größere Schächte zu finden. Die Umstände meiner Expedition am Rande der Legalität machen mir dabei schnell deutlich, warum diese Schächte „Elendsschächte" heißen.

Ob er schon mal im Gefängnis war, frage ich ihn, und er lacht ein wenig verbittert. Früher schon, aber immer nur wenige Tage, weil er nie ein Dokument mit Namen unterzeichnet hat, immer nur mit drei Kreuzen. Wer erwischt wurde, hat geschwiegen. Die Polizei hatte dann kaum eine Handhabe. Bis heute. Die Möglichkeiten, gegen den illegalen Abbau der Kohle um Wałbrzych vorzugehen, sind tatsächlich begrenzt. Mal wird ein Schacht zerstört, mal Material beschlagnahmt, mal ein Täter, den man auf frischer Tat ertappt hat, in Untersuchungshaft genommen. Die Stadt zögert, der Polizei mehr Spielraum zu geben, denn große Teile der Bevölkerung haben durchaus Sympathien für die „Wilderer". Als ich Roman frage, wie viele von seinen Kollegen hier noch so arbeiten wie er, möchte er mir keine Antwort geben. Das brauche niemand zu wissen. So viele wie früher seien es aber bei weitem nicht mehr.

An einem der Schächte bleiben wir stehen. Das Loch, in das reinzuschauen ich mich kaum traue aus Angst, den Halt zu verlieren, mag zwischen acht und zehn Metern tief sein, unten führt der Gang in die Horizontale. Zu einer Brigade, so erzählt mir Roman, gehören zwischen drei und fünf Bergleute, mindestens einer davon hat professionelle Erfahrung. Er baut die Sicherungen der Gänge, nicht selten mit alten Autokarosserieteilen, die wir auf Schritt und Tritt in den Büschen finden. Ein zweiter schiebt Wache, während die anderen in der Tiefe graben und die Kohle mittels einem Eimer und einer Winde, die meist aus einer Fahrradfelge konstruiert wird, nach oben befördern. Die Technik sei die gleiche wie bei den großen Gruben, nur eben im Kleinformat, sagt Roman. Früher, fügt er hinzu, gab es häufiger Unfälle und sogar Todesopfer, was die Elendsschächte immer wieder in die Schlagzeilen brachte. Aber das habe sich gebessert.

Als ich nachfrage, um wie viel denn diese Kohle hier billiger sei als die legal angebotene, weicht er zunächst aus, schließlich nennt er die Hälfte des offiziellen Preises als Richtschnur. Vor allem Rentner und Geringverbraucher kauften die Kohle bei ihnen, schließlich habe nicht jede Oma Platz für eine Tonne Kohle im Garten. Der Vertrieb laufe über Mundpropaganda und interne Netzwerke. Die Leute wüssten schon, wo sie uns fänden, sagt Roman und steigt schließlich selbst in ein Loch, um mir anhand der verschiedenen Schichten zu zeigen, wie man hochwertige von weniger hochwertiger Kohle unterscheidet. Mittels der Lüftungsschächte, die immer wieder nach oben durchstoßen, verfolgen wir schließlich noch den Verlauf eines unterirdischen Stollens. Ob ich mal in so einen Schacht hineinsteigen möchte, fragt mich Roman, und scheint fast enttäuscht, als ich dankend ablehne.

Nach drei Stunden Wanderung durch die Welt der Elendsschächte führt uns der Weg wieder zurück in Richtung Auto. Von einem Hügel aus sehen wir auf Wałbrzych, das inmitten eines grünen Tals liegt, aus dem hier und da die Schornsteine und Fördertürme vergangener Zeiten ragen. „Dort", sagt Roman, „habe ich früher gearbeitet", und zeigt mit dem Finger auf einen der Fördertürme in der Ferne. Er sagt es nicht mit Wehmut, eher mit Verbitterung. Und doch schwingt auch ein wenig Stolz in seiner Stimme mit. Schließlich hat er sich nicht kleinkriegen lassen von den Behörden und macht immer noch das, was ihm offiziell zu tun Ende der 1990er-Jahre verboten worden war: Kohle fördern.

Ich habe nichts, du hast nichts,
er hat nichts, gemeinsam haben wir genug,
eine Fabrik zu bauen!
(Władysław Rejmont)

Łomnica / Lomnitz

Auferstanden aus Ruinen –
die Wiedergeburt eines Schlosses

Als sich Schloss Lomnitz vor mir erhebt, überkommen mich Zweifel, darüber schreiben zu können. Alles sieht so perfekt aus, so gepflegt, als wäre das Schloss entweder gerade eben erst gebaut worden oder als wären über Jahrhunderte hinweg Menschen nur damit beschäftigt gewesen, es zu pflegen. Auf den ersten Blick ein Schloss ohne jeden Makel, das einfach nur dazu einlädt, es zu besuchen oder gar ein paar Tage in ihm zu wohnen.

Doch der Schein trügt. Hinter der Fassade verbirgt sich ein kleines Wunder. Zumindest eine wunderliche Geschichte, die mich in Person der heutigen Eigentümerin Elisabeth von Küster durch das Gebäude begleitet.

Seit dem Jahr 1835 war Schloss Lomnitz im Besitz der Familie von Küster, deren Nachkommen bis 1945 darin lebten. Nach dem Kriegsende, das die Familie zum Verlassen ihrer Heimat zwang, wurde das Schloss zunächst als polnische Schule genutzt, bevor es jenes Schicksal teilte, das so viele Schlösser im Hirschberger Tal ereilte: als Ruine über Jahrzehnte dem Verfall preisgegeben zu sein. Ein Film, den ich in einem der heutigen Räume gezeigt bekomme, dokumentiert den Zustand des Gebäudes Anfang der 1990er-Jahre. Die Bilder zeigen ein Schloss, das den Kommunismus nicht überlebt hat. Wäre es ein Organismus, wäre er als tot zu bezeichnen, um nicht zu sagen, verwest. Lediglich die Grundmauern des heutigen Schlosses sind in dem Film zu erkennen, das Dach ist praktisch nicht mehr vorhanden und aus den schwarzen Fensterlöchern wachsen Bäume. Im Inneren der Räume häufen sich Schutt und Müllberge, dazwischen haben sich Büsche breit gemacht. Noch während ich in dem Filmraum sitze und diese Bilder vor Augen geführt bekomme, kreist mein einziger Gedanke um das kleine Wörtchen „wie". Wie war es einer einzelnen Familie möglich, diesem toten Mauerwerk wieder Leben einzuhauchen, es zu dem zu machen, was ich heute bei der Anfahrt zu sehen bekommen habe?

Elisabeth von Küster ist der Schlüssel für die Antwort auf die Frage. Durch Zufall hatten sie und ihr Mann, ein direkter Nachkomme der Familie Küster, 1991 erfahren, dass ihr alter Besitz wieder zum Verkauf stand. Oder besser gesagt das, was von ihm übrig geblieben war. Und obwohl der Schrecken über den Zustand des Schlosses groß war, kauften sie es über einen polnischen Mittelsmann zurück, denn der Erwerb von polnischem Grund war Deutschen zu dieser Zeit noch nicht gestattet. Die neue Schlossherrin wurde die damals zwanzigjährige Elisabeth von Küster, die sich mit Unterstützung ihres Mannes gleich darauf an die Arbeit machte, der Steinwüste wieder zum Leben zu verhelfen.

Ehrlich gesagt, hatte ich erwartet, dass sie mir jetzt erzählt, einen großen Antrag an eine Stiftung gestellt zu haben, der inklusive Personalstellen, Baumaterial und viel Arbeitszeit den Wiederaufbau des Schlosses innerhalb weniger Jahre ermöglichte. Doch dem war nicht so. Der größte Teil des Wiederaufbaus, so erzählt mir Frau von Küster, geschah damals in eigener Handarbeit. Zwölf bis vierzehn Stunden seien sie und ihr Mann damals auf der Baustelle gewesen und hätten mit Schaufeln und Schubkarren versucht, sich einen Überblick über das Ausmaß der Verwüstungen zu verschaffen. Dann folgten kleinere Anträge an Stiftungen, Spendengelder durch einen Verein, den sie gegründet hatten, und Unterstützung aus dem Familienerbe. Nach und nach wurden erst das Schloss, dann der umliegende Grund und später die dazugehörigen Gebäude gekauft. „Im nächsten Monat steht der Kauf des letzten Hauses auf dem Grundstück an", sagt Frau von Küster und deutet an, dass von getaner Arbeit noch lange keine Rede sein kann. Zum Beweis zeigt sie mir das Obergeschoss des Schlosses, das noch leer steht. Die Räume sind kahl und nur mit provisorischen Teppichen ausgelegt. Eine Heizung gibt es im ganzen Schloss noch nicht. „Im Moment noch zu teuer", meint Frau von Küster.

Am schwierigsten war es, so erzählt sie mir, einen gewissen Nullzustand herzustellen, der den Neuaufbau der Gebäude überhaupt erst erlaubte. So mussten in dem Vorwerk neben dem eigentlichen Schloss in mühevoller Kleinarbeit mehrere Schichten Betonboden abgetragen werden, da die Erschütterungen großer Maschinen die Säle zum Einsturz gebracht hätten. Zu Zeiten der landwirtschaftlichen Produktionsgenossenschaften waren hier Ställe untergebracht, deren Drainagesysteme nicht funktionierten. Anstatt den anfallenden Schlamm zu beseitigen, wurden damals immer wieder neue Betonböden aufgetragen, die das Gebäude in die Höhe wachsen ließen.

Wie denn die Dorfbewohner reagiert hätten, als plötzlich eine deutsche Familie damit begann, das Schloss wieder aufzubauen, möchte ich von Frau von Küster wissen. Ihre Antwort liegt auf der Hand. Man hielt sie für verrückt, glaubte, sie würden schon bald wieder aufgeben. Aber sie gaben nicht auf und das Projekt nahm seinen Lauf. „Wenn es uns keine Freude gemacht hätte, hätten wir es nicht geschafft", gibt Frau von Küster zu. Denn die Schwierigkeiten waren enorm. Bürokratie und Kosten zum einen, aber auch die sozialen Schwierigkeiten. Armut und Arbeitslosigkeit führen bis heute in vielen Familien der Gegend zu Frustration und Ängsten. Plötzlich war es den Dorfbewohnern verboten, ihren Müll

auf dem Gelände abzulagern oder volltrunken im Schlosspark herumzulungern. Da bedurfte es einiger Aufklärungs-
arbeit und großen Engagements.

Heute sei das Verhältnis zu den Dorfbewohnern gut, sagt
Frau von Küster, auch wenn noch nicht alle Skepsis gewichen
sei. Doch die von ihr und dem Verein zur Pflege schlesischer
Kunst und Kultur ins Leben gerufenen Aktivitäten hätten
viel Vertrauen geschaffen. Mehrfach schon habe man Feste organisiert, auf denen verschiedene polnische Sitten und
Traditionen vorgestellt und gemeinsam begangen wurden.
Schließlich lebten hier nach 1945 Familien aus ganz unterschiedlichen Regionen des Landes, die alle ihre eigenen Traditionen pflegten und sie bei dieser Gelegenheit vorstellen
konnten. Das habe zur Integration beigetragen.

Während ich durch das Schloss und die umliegenden Gebäude spaziere, merke ich kaum etwas davon, dass noch nicht
alles fertig ist. Die Bäckerei, der Souvenirladen, die Scheu-
ne oder die alte Schmiede, alles erstrahlt in einem Licht, als
wäre erst gestern die Eröffnung gewesen. Auch das gemütli-
che Restaurant lädt zum Verweilen ein. „Heute trägt sich die
Bewirtschaftung des Schlosses von selbst", erzählt mir Frau
von Küster, als wir uns verabschieden. Die Attraktivität des
Hauses hat sich herumgesprochen. Das Schloss lebt wieder.

Während ich ins Auto steige, fällt es mir immer noch
schwer, vieles von dem zu glauben, was ich bei dem Besuch
dieses Schlosses erfahren habe. Was bei uns mehrere große
Bauunternehmer mit enormen Geldern zustande bringen
würden, hat hier eine einzelne Familie geschafft (dass Frau
von Küster mittlerweile Mutter von fünf Kindern ist, habe
ich nur nebenbei erfahren). Über Jahre hinweg entstand dieses kleine Wunder, das gemeinsam mit Freunden, Stiftungs-
geldern und Spendern, deren Namen ich selbst auf den Stüh-
len des Veranstaltungssaales lesen konnte, real geworden ist
und mittlerweile fast 40 Menschen einen Arbeitsplatz bietet.

So hat das Schloss im heutigen Łomnica jenes Glück gehabt, das vielen anderen Schlössern im Hirschberger Tal nicht beschert war. Manche von ihnen stehen bis heute als Ruinen in der Landschaft, andere wurden umgebaut und zweckentfremdet. Wenige Kilometer von Łomnica entfernt stoße ich im Dorf Maciejowa auf die Grundmauern eines dort ebenfalls einmal befindlichen Schlosses. Dort, wo der prachtvolle Bau einst stand, hat sich heute ein großer Betrieb für Baumaterialien angesiedelt. An das Schloss erinnert sich hier niemand mehr.

Eine Turnhalle im Speisesaal des Königs

Als die Gemahlin des preußischen Königs Friedrich Wilhelm III., Königin Luise, im Jahre 1800 das Riesengebirge besuchte, soll sie angeblich auf der Schneekoppe gestanden und ausgerufen haben: „Ach, wäre doch dort unten Berlin!" Und nicht nur sie war von der Lage und der Landschaft des Hirschberger Tals begeistert. Wer im Preußen des 18. und 19. Jahrhunderts etwas auf sich hielt, baute oder erwarb in dieser Gegend ein Schlösschen, um es als idyllischen Sommersitz nutzen zu können.

So ist es wenig verwunderlich, dass ich auf meiner Reise durch das Hirschberger Tal mehr Wegweiser mit Namen von Schlössern als von Ortschaften finde. Angeblich stehen nirgendwo in Europa so viele Schlösser und Burgen auf so engem Raum zusammen wie hier. Auch Schloss Erdmannsdorf, das im heutigen Mysłakowice steht, diente einst dem preußischen König Wilhelm IV. als Sommersitz. Bereits König Wilhelm III. hatte das Schloss gekauft und nach Plänen von Karl Friedrich Schinkel umbauen lassen. Doch meine Überraschung ist groß, als ich es besichtigen möchte und statt Prunksälen eine Schule darin finde.

„Der preußische Hof hatte das Schloss 1909 verkauft, dann wurde es nach dem Zweiten Weltkrieg bis auf die Grundmauern geplündert", erzählt mir Rektor Andrzej, der mich in seinem Büro empfängt. „Hier, wo wir gerade sitzen, war einst das Badezimmer!", fügt er hinzu und ich versuche mir vorzustellen, gerade in der Badewanne des preußischen Königs Platz genommen zu haben. Die Geschichte schlägt schon sonderbare Pirouetten und es fällt mir schwer zu glauben, dass diese Mauern einmal dem preußischen König beim Baden zugesehen haben sollen. 1953 wandelten die Polen das

Schloss in eine Schule um, die Wände wurden neu gezogen, das Innere insgesamt umgestaltet und den Bedürfnissen einer Schule angepasst. Doch manches, wie einige der äußeren Fenster oder die Bodenfliesen im Erdgeschoss, ist noch im Originalzustand erhalten. „Die inneren Fenster", erklärt mir Rektor Andrzej, „wurden hingegen ausgetauscht, denn das Schloss diente ja als Sommersitz und konnte kaum beheizt werden. Die Schule musste aber schließlich auch im Winter stattfinden können …" Auch die gusseisernen Stützbalken der Decke, die weltweit erstmals in diesem Schloss verwendet wurden, sind noch vorhanden und bei genauem Hinsehen erkennbar. Aber letztlich, so Rektor Andrzej, sei so ein Schloss insgesamt nicht optimal, um als Schule genutzt zu werden.

Wir gehen über eine Treppe ins Parterre, vorbei an einer Wand mit den Porträts polnischer Könige. Ob das die polnische Antwort sei auf die deutsche Geschichte dieses Schlosses, frage ich Rektor Andrzej, der lachen muss. Nein, reine Dekoration. Die Schüler von heute würden nicht mehr in derart historischen Dimensionen denken, im Gegenteil. Zwar lernten sie im Fach Regionalgeschichte die wichtigsten Daten und Fakten zum ehemals deutschen Schloss, das heute ihr Schulhaus bildet, aber emotional sei ihnen die Vergangenheit nicht wichtig. Zu Deutschland hätten sie ein sehr positives Verhältnis, nicht zuletzt dank des Schüleraustausches mit dem Gymnasium in der Partnerstadt Leopoldshöhe in Nordrhein-Westfalen, mit dem seit Jahren enge Kontakte gepflegt würden. Außerdem lernten alle Schüler hier Deutsch als Pflichtsprache, daran könnten auch die polnischen Könige im Treppenhaus nichts ändern. „Allerdings", so meint Rektor Andrzej, während er eine Tür öffnet, „finden die Schüler es immer noch komisch, dass sie heute in einem ehemals königlichen Speisesaal Sportunterricht haben!" Plötzlich stehen wir mitten in einer Turnhalle, deren kunstvolle Fensterbögen unschwer erkennen lassen, dass sie sich hier nicht wohl fühlt. Die Maße der Halle sind irgendwie zu schmal und zu

lang, um darin sinnvoll einer sportlichen Ertüchtigung nach-
gehen zu können. Die drei Fenster am Ende der Halle gä-
ben eigentlich den Blick frei auf die Schneekoppe, was dem
königlichen Speisen sicher angemessen war. Jetzt aber hängt
ein Basketballkorb über den Fenstern und Sportgeräte sowie
aufgestellte Turnmatten verstellen die Aussicht. Ich kann es
kaum glauben. Ein königlicher Speisesaal als Turnhalle, ein
Schloss als Schule, im königlichen Badezimmer das Rektorat.
Die Zeiten haben sich wahrlich geändert.

„Natürlich träumen wir von einem neuen Gebäude, selbst
ein Modell haben wir schon!", sagt Rektor Andrzej und fügt
im gleichen Satz hinzu: „Andererseits hat diese Schule ein
Flair, wie es wohl keine zweite Schule in Polen hat." Da hat
er Recht.

Durch ein Klassenzimmer, in dem gerade unterrichtet
wird, betreten wir den königlichen Balkon, von dem aus wir
einen herrlichen Blick auf den Schlosspark und den Schulhof
haben. In der Mitte von Letzterem steht ein kleiner Brunnen
mit einer Säule. „Die Säule stammt aus Pompeji und war ein
Geschenk des Königs von Neapel an den preußischen König", erklärt mir Rektor Andrzej stolz. Sie blieb lange Zeit
verschollen, bis man sie in den 1960er-Jahren im Rahmen
von Wiederherstellungsarbeiten entdeckte. Die Schüler legten sie damals frei und setzten sie in den Brunnen ein. „Wir
sind auch die einzige Schule Polens, in deren Pausenhof ein
Brunnen mit einer Säule aus Pompeji steht", meint Rektor
Andrzej stolz.

Kein Zweifel, diese Schule in einem ehemaligen preußischen Schloss dürfte einmalig sein in Polen. So unpraktisch
sie für den Unterricht sein mag, als Schüler wird man seine
Schulzeit wohl so schnell nicht vergessen. Ich frage Rektor
Andrzej, wie denn die deutschen Schüler der Partnerschule reagierten, wenn sie hier ankämen und die Schule sähen.
Seine Antwort ist kurz und aufrichtig: „Sie finden das cool!"

Am Ende unseres Rundgangs bin ich mir nicht sicher, ob Rektor Andrzej sich den Umzug in ein neues Gebäude wirklich wünscht. Aus der Sicht eines Rektors, der für den Unterricht und das Wohlergehen seiner Schüler verantwortlich ist, wäre das verständlich. Sein mitreißender Enthusiasmus für die Geschichte der Region sowie sein Stolz auf die Originalität seiner Schule lassen mich aber zweifeln. Welcher Schulrektor kann schon behaupten, Schlossherr zu sein?

Als ich ins Auto steige, bemerke ich ein Storchennest samt Storchenfamilie auf einem der alten Kamine des Speisesaals. Die Störche haben sich eingerichtet auf den Resten der Schlossgeschichte. Weder das Aufschlagen der Basketbälle im Innern der Turnhalle, noch das Pausengeschrei der Schüler stört ihre Idylle. Sie blicken seit Jahrhunderten auf die Schneekoppe und tun so, als wäre nichts geschehen.

Certyfikat
zdobywcy
Ja Liczyrzepa
niniejszym poświadczam
Jan Kowalski
że wysiłku nie szczędząc mą tajemną górę zdobył.
Na tę okoliczność niniejszy dokument
wystawiam i do grona zdobywców zaliczam.
DUCH GÓR
WŁADCA
KARKONOSZY

Zu Gast bei Rübezahl auf der Schneekoppe

Am Fuße der Schneekoppe stehend, drängt sich mir unweigerlich eine Kindheitserinnerung auf. Jener berühmte Werbespot der gleichnamigen Firma mit dem lang gezogenen „eeee" und dem nachhaltigen Bergecho geht mir nicht aus dem Kopf: „Schneeeekoppe!" Als Kinder kannten wir alle diese Firma, deren Markenzeichen der Berg mit der kleinen Schneekoppe war. Aber der Berg? War uns ebenso fremd wie egal. Wir wussten gar nicht, dass es ihn wirklich gab. Wenn wir „Schneekoppe" hörten, dachten wir an Müsliriegel, Säfte oder zuckerfreies Gebäck. Sicher nicht an einen Berg in Polen.

Dabei gehören der Berg und die Firma zusammen. Der Händler Fritz Klein hatte im Jahr 1927 hier am Fuße des Riesengebirges einen Versandhandel für Leinsamen und Leinöl gegründet. Nach der Vertreibung der Deutschen aus Niederschlesien ließ er sich in Bremen nieder, wo er weiterhin Reformprodukte aus seiner Heimat verkaufte und sein Geschäft 1953 unter dem Namen „Schneekoppe" anmeldete – in Erinnerung an seine alte Heimat. Eigentlich müsste man ihm hier ein Denkmal setzen, denn zweifelsohne hat seine Firma wesentlich zur Popularität des Berges beigetragen.

Obwohl es Mitte Mai ist, hat das Wetter plötzlich umgeschlagen. Von einem Tag auf den anderen ist das Thermometer von 20 auf knapp über null Grad gefallen. Gott sei Dank befindet sich am Lift ein kleiner Laden, der Mützen, Stirnbänder und Handschuhe verkauft. Eine ganze Schulklasse steht Schlange. Ich stelle mich an. Ein wenig beschämt, denn natürlich könnte ich den ganzen Berg auch zu Fuß erklimmen, doch das Wetter macht wenig Lust darauf. So lande ich schließlich in einem ziemlich gefährlich aussehenden Sessellift, der ein nicht unerhebliches Potential an Vertrauen in polnische Sicherheitsbestimmungen voraussetzt.

Nach wenigen Minuten liegt der größte Teil des Aufstiegs hinter mir, obwohl ich noch keinen Schritt gegangen bin. Warum will ich überhaupt da hoch? Noch während ich darüber nachdenke, zieht ein Wolkenfeld auf, Eisregen setzt ein. Die Schulklasse ist vom Lift direkt in eine kleine Herberge eingekehrt. Auf dem Weg zur Bergstation bin ich allein. Der Weg ist gut ausgebaut und gleicht mehr einem Pilgerpfad für Touristenmassen als einem Wanderpfad für Bergbesteiger. Dennoch ermahnt mich ein Schild, das an den Tod zweier Tschechen erinnert, die beim Anlegen der Bergpfade im Jahr 1975 ums Leben kamen, Respekt vor dem Berg zu haben. Mittlerweile sehe ich aufgrund der durchziehenden Wolkendecke und des Regens nur noch wenige Meter weit und in der Ferne vernehme ich Donner. Ich überlege umzukehren, denn die Atmosphäre ist gespenstisch. Doch plötzlich weiß ich, warum ich auf den Gipfel möchte: Ich muss Rübezahl besuchen. Muss. Wird nicht ihm die Fähigkeit zugeschrieben, unerwartet Blitze und Donner, Nebel, Regen oder Schnee über den Berg kommen zu lassen, der eben noch im Sonnenlicht lag? So wie heute?

Während meiner Reise durch das Hirschberger Tal begleitet mich dieser Berggeist auf Schritt und Tritt. Als Holzfigur, Denkmal, Straßenname, Fruchtwein, T-Shirt-Aufdruck oder gar als verkitschte 3-D-Gestalt in einem Karpaczer Berggeist-Museum. Wie auch immer, Rübezahl hat den Krieg überlebt und haust noch immer hier im Gebirge. Allerdings unter anderem Namen.

Den Legenden dieses Berggeistes wurde sogar die Ehre zuteil, Titel des ersten polnischen Buches zu sein, das nach 1945 im nun polnisch gewordenen Oberschlesien erschienen war. Der Lehrer Józef Sykulski hat es veröffentlicht und dabei den deutschen Namen „Rübezahl" wortwörtlich ins Polnische übertragen, wo er bis heute „Liczyrzepa" genannt wird. Später waren die Polen wenig begeistert von dieser im Polnischen eigenartig klingenden Übersetzung, aber sie verbreitete sich dermaßen schnell, dass an eine Änderung nicht mehr zu denken war. „Liczyrzepa" scheint in dieser Region allgegenwärtig. Und anscheinend ist er auch wenig begeistert von meiner Anreise per Lift zu seiner Behausung. Ein eiskalter Wind hat eingesetzt und lässt mich zweifeln, ob mein Aufstieg überhaupt noch Sinn ergibt. Aber scheitern auf diesem Touristenpfad zum Gipfel der Schneekoppe? Das kann ich niemandem erzählen, und so kämpfe ich mich weiter aufwärts.

Eine knappe Stunde später habe ich es geschafft und stehe leibhaftig vor der mir aus Bildern und Filmen bekannten Berg- und Wetterstation. Ihre Form gleicht einem Raumschiff, wie ich es aus den Star-Wars-Filmen kenne. Gut, dass sie erst in den 1970er-Jahren erbaut wurde, so dass mir ihr Anblick auf dem Firmenlogo von „Schneekoppe" als Kind erspart blieb.

Von einem herrlichen Ausblick ins Hirschberger Tal kann am heutigen Tag keine Rede sein. Ich muss mich mit der Tatsache trösten, hier und jetzt auf dem mit 1.603 Metern höchsten Gipfel des Riesengebirges zu stehen. Plötzlich kommt mir von der anderen Bergseite eine Familie mit Kinderwagen entgegen. Ich traue meinen Augen kaum. Entspannt und trocken, in bester Laune machen sie ein paar Fotos. Noch bevor ich sie fragen kann, wie sie bei diesem Wetter den Weg mit dem Kinderwagen hier herauf bewältigt haben, erblicke ich die Lösung des Rätsels: Von tschechischer Seite aus führt eine Seilbahn direkt bis zum Gipfel. Man muss also gar nicht mehr wandern. Allmählich beginne ich, den Zorn Rübezahls zu verstehen. Während die Familie eine zweite, zu Tschechien gehörende Berghütte betritt, die in ihrer futuristischen Aufmachung der polnischen keineswegs nachsteht, entscheide ich mich für die polnische. Die Grenze beider Länder verläuft mitten über den Gipfel, und so bleibt mir die Wahl.

Im Innern der warmen Bergstube begrüßt mich zunächst ein mannshoher Plastikhotdog, der sich, eingewickelt in eine amerikanische Fahne, mal eben Ketchup auf seinen Wurstkopf spritzt. Mein Gott, wenn Rübezahl das sehen würde! Denke ich noch, dann stehe ich Rübezahl plötzlich leibhaftig gegenüber. Mir verschlägt es die Sprache. Da sitzt er, mitten in der Gaststube, in eine braune Kutte gehüllt, mit langen grauen Haaren, die in einen Bart übergehen – und stellt Urkunden aus. Urkunden! Für 10 Złoty kann ich wählen, ob ich lieber eine Papierurkunde oder eine Medaille möchte. Ich wähle das Papier, auf dem in seiner Handschrift zu lesen ist: *Ich, der hiesige Rübezahl, bestätige, dass Matthias Kneip, ohne Kräfte zu sparen, meinen geheimen Berg erklommen hat. Aufgrund dieser Tatsache stelle ich dieses Dokument aus und zähle ihn zum Kreis der Bezwinger dieses Berges.* Toll. Meine Kinderträume von Rübezahl zerplatzen in unzählige Einzelteile. Unwiederbringlich. Mir bleibt allein die Hoffnung, dass dieser Rübezahl ein aus Amerika eingewanderter Gauner ist, der sich auf Kosten des echten Rübezahls seinen Unterhalt verdient. Ich flüchte.

Draußen fühle ich mich wohler, trotz des kalten Windes, der mir noch immer um die Ohren fegt. Ich beginne den Abstieg und verzichte diesmal auf den Lift. So habe ich mehr Zeit, über den echten Rübezahl nachzudenken. Wie mag er, der in seinen Legenden immer wieder sein Erscheinungsbild ändert, wohl heute aussehen? Blickt er als Riese irgendwo von einem der benachbarten Gipfel des Riesengebirges? Fliegt er als Rabe über mir oder steigt er als Esel über einen anderen Pfad hinab ins Tal? Welche Laune mag der „Herr der Berge" heute haben, der als so unberechenbar, mal freundlich, mal böse gilt?

Im Tal angekommen, habe ich die Komikfigur aus der Bergstation schon wieder vergessen. Soll der wahre Rübezahl sich an ihr rächen und seine Spielchen mit ihr treiben. Ich jedenfalls habe mich am Ende versöhnt mit dem Berggeist und die wiedergewonnene Aussicht auf das Tal während des Abstiegs genossen. Mag der Gipfel der Schneekoppe sein Zuhause sein, daheim ist er hoffentlich nie.

Ort ohne Worte – am Grab von Tadeusz Różewicz

An diesem Ort sollte ich nicht sein. Ich war doch verabredet. In ein paar Tagen, in Breslau, mit Tadeusz Różewicz, den ich seit meiner Kindheit kannte. Er hat mich begleitet, mein Leben lang, mein privates, mein literarisches. Zu Hause und aus der Ferne. Oft verbrachte er seinen Urlaub bei uns, spielte mit uns Kindern Fußball oder Armdrücken. Oder er fuhr mit meinem Bruder auf einem großen Motorrad im Kreis. Das Motorrad war für ihn viel zu groß, denn Różewicz war klein. Ich lernte von ihm das Lesen. Das richtige, langsame Lesen. Den Worten Beachtung zu schenken, auch den scheinbar unwichtigen. Ich lernte das Schreiben von Gedichten. Den Gebrauch einfacher Worte, lernte Gehalt von Geschwätz zu unterscheiden. Ich lernte, Schnaps zu trinken, den er immer zu Hause hatte, gebrannt von einem Freund, und den er mir anbot bei jedem Besuch. Sicher hätte er es auch dieses Mal wieder getan. Und dabei verschmitzt gelacht, weil er wusste, dass ich keinen Schnaps mag, aber nichts sagen würde. Jetzt stehe ich hier, am Fuße der Schneekoppe, an seinem Grab. Er wollte nicht auf mich warten, kam mir entgegen. Aber warum hierher, Panie Tadeuszu?

2011. Spätestens die große Nadel vor der Jahrhunderthalle signalisiert mir, dass die Richtung stimmt. Wie schon bei seiner alten Wohnung im Stadtsüden steht auch heute kein Name an seinem Klingelschild. Wer hierherkommt, weiß warum und zu wem. Für den Rest hat Różewicz kein Interesse. Und keine Zeit. Vor wenigen Tagen hat er seinen 90. Geburtstag gefeiert, und das Hier und Jetzt bestimmt seinen Alltag. Verabredungen eine Woche im Voraus sind für ihn reine Spekulation. Je-

der Tag entscheidet neu über seinen Gesundheitszustand, seine Freude am Leben oder seinen Frust über die Wehwehchen.

Heute habe ich Glück. Seine Frau Wiesława empfängt mich an der Tür und freut sich über die Schokolade und die Blumen, die ich ihr mitgebracht habe. Fast schon ein Ritual, das sich eingespielt hat über die Jahre meiner Besuche. Ebenso wie der schelmische Blick des Dichters, der aus seinem Zimmer tritt und mich herzlich umarmt (früher scherzte Różewicz noch, dass er sich für meine Begrüßung eigens einen Schemel bereitstellen müsste).

Dann führt mein Weg wie immer von der Garderobe direkt an den Esstisch, auf dem sich nach wenigen Minuten erst ein polnischer Żurek, dann ein Wildschweinbraten mit Gemüsereis und Apfelmus sowie schließlich ein großer Becher Roter Grütze als Nachtisch einfinden. Aufgeben gilt nicht. Nicht in Polen. Und schon gar nicht hier. Also beiße ich mich durch die wundervollen Gerichte durch wie einst die Raupe Nimmersatt, nur die Verpuppung am Ende will sich nicht einstellen. Dazwischen zeigen mir Tadeusz und Wiesława Fotos von ihren Enkeln und Urenkeln. Wir stellen Überlegungen an, inwieweit eine Hochzeit zwischen seinem kleinen Urenkel und einer meiner ebenso kleinen Töchter realistisch sei. Auf die Frage von Tadeusz nach meiner Mitgift schlage ich Gedichtbände vor und sein Lachen zeigt mir, dass er diese Option für akzeptabel hält ... Überhaupt interessiert sich Tadeusz sehr für unsere Familie. Was meine Brüder machen, deren Kinder, ob ich Fotos dabei habe. Und wie es Karl dem Großen, also Karl Dedecius gehe, der jenes Institut einst mitbegründet hat, an dem ich heute arbeite. Ab und zu steht Tadeusz auf und zeigt mir seine neuesten Werke. Ausgaben von Übersetzungen seiner Gedichte ins Chinesische, Aserbaidschanische und Koreanische. Das Private mischt sich unmerklich mit der Kunst. Und der Politik. Wir überlegen im Scherz, ob es für mich sinnvoll wäre, mein Geld in Złoty anzulegen wegen der Eurokrise. Oder warum sich die meisten polnischen

Feier- und Gedenktage auf tragische historische Ereignisse beziehen. Tadeusz schenkt mir einen wunderbar gestalteten Bildband über seine Aufenthalte im Kurort Karpacz. Ein großer Reprint seiner Unterschrift ziert das erste Blatt. Als ich ihn um eine Originalsignatur auf eben dieser Seite bitte, lacht er nur und schreibt darunter: „Potwierdzam. Tadeusz Różewicz." [„Ich bestätige: Tadeusz Różewicz"]. Das ist sein Humor, den ich an ihm so schätze. Klar und schnörkellos und deswegen so treffend und trocken.

Tadeusz erzählt mir von einer Studentin, die eine biografische Arbeit über ihn schreiben und sich deshalb mit ihm treffen wollte. Als die Arbeit nach zwei Jahren erschien, bekam er ein Exemplar voller Zitate und Fußnoten von der Autorin zugesandt, verbunden mit der Frage, wie er die Arbeit einschätze. Tadeusz rief sie an und sagte, er finde das Buch zwar interessant, er könne zu der Arbeit der Studentin aber nichts sagen, weil er darin keine eigene Einschätzung oder Bewertung der Studentin gefunden habe – nur Zitate von anderen über ihn.

Diese Umwege waren Różewicz schon immer fremd und unbehaglich. Seine Worte und Texte führen nicht über einen Umweg zum Adressaten. Daran hat sich während seines gesamten Schaffenszeitraums nichts geändert, auch wenn manche seiner Werke zuletzt komplizierter geworden sind. Die Gedichte der vergangenen Jahre scheinen nur unzugänglicher, weil sie komplexer geworden sind, von ihrer Direktheit aber haben sie nichts verloren.

Nachdem ich den letzten Löffel Roter Grütze erfolgreich bewältigt habe, verschwindet Tadeusz hinter einen Vorhang im Wohnzimmer und kommt mit einer Flasche dunklem Schnaps wieder. Nussschnaps, von einem Freund für ihn gebrannt. Das Unvermeidbare folgt und ich darf zwei Gläschen davon mit ihm probieren. Es müssen zwei sein. Schließlich sei ich ja nicht mit dem Auto da. Dann füllt seine Frau zwei

Fläschchen ab für meine Eltern. Kleine Fläschchen, denn der Schnaps ist teuer, sagt Tadeusz. Und lacht dabei.

Für mich hat sich Różewicz äußerlich nie verändert. Ich kenne ihn seit meiner Kindheit so, wie er auch heute mit mir am Tisch in seinem Wohnzimmer sitzt. Klein, mit Brille, ein älterer Herr, mit hellwachem Blick und kurzer Diktion, die vom Zuhörer immer volle Aufmerksamkeit erfordert. Ob er 60 oder 90 Jahre ist, vermag ich nicht zu unterscheiden. Beides wäre denkbar.

Als ich zum Abschied ein Foto von ihm mache, will er das Ergebnis sehen und zensiert prompt das erste Bild. Sein Bauch sei darauf zu groß, ich solle die Perspektive wechseln.

Różewicz wurde 1921 in Radomsko geboren, einem Ort in Zentralpolen, fern aller Gebirge und Meere. „Ich komme aus dem Flachland und interessiere mich nicht für Berge", sagte er früher einmal. Bis er Mitte der 1990er-Jahre nach Karpacz kam und dort auf die Spuren von Wanda Rutkiewicz stieß, der dort eine Ausstellung gewidmet war. *Ich bedanke mich für die Ehrung meiner Besteigung des Mount Everest durch diese Ausstellung*, hatte Rutkiewicz, die wie Różewicz in Breslau wohnte, 1979 ins Gästebuch geschrieben. Sie war die erste Europäerin, die diesen Gipfel bezwungen hatte. 13 Jahre später ist sie im Himalaya verschollen. Von dieser indirekten Begegnung mit Rutkiewicz, die Różewicz persönlich nie getroffen hatte, war der Dichter so beeindruckt, dass sich sein Verhältnis zu den Bergen auf einen Schlag veränderte. „Ich zähle 75 Jahre / und ausgerechnet jetzt / verliebte ich mich ins Riesengebirge / das ungefähr 450 Millionen Jahre alt ist", schrieb er im Jahr 1996. Wanda Rutkiewicz machte er zur zentralen Figur seines langen Gedichtes „Erzählung von einer verspäteten Liebe" (1996), das er später dem Ort Karpacz schenkte, damit es dort ein Zuhause fände.

Seitdem kam Różewicz regelmäßig in den Ort. Manche meinten, er habe dort ein großes Haus, wie es sich für einen bedeutenden Dichter ziemen würde. Aber das waren Legenden. In Wirklichkeit wohnte er meistens in der Pension „Jaskier", die so einfach eingerichtet ist, dass es schwierig wäre, dort einen Schüler unterzubringen. Aber Różewicz liebte die Einfachheit. In der Sprache. Im Alltag. Jedes Jahr kam er mehrere Wochen hierher, unternahm Spaziergänge, erkundete die Natur. In dem Gedicht „In der Pension" schrieb er: „der Himmel ist heute / ohne Wolken / sagte Frau Jadwiga / mit einer Stimme die klang / wie ein Weckruf ins Leben / der Nachtalb löste sich auf / (waren Sie es der nachts / so laut schrie im Schlaf?)"

Sein Freund, der Theaterregisseur und Gründer des Breslauer Pantomimen-Theaters, Henryk Tomaszewski, begleitete ihn häufig, sie diskutierten viel, erwogen gemeinsame Projekte. Aber es kam nicht dazu. Tomaszewski verstarb 2001 und ließ sich in Karpacz neben der Wang-Kirche beerdigen.

Różewicz überlegte tatsächlich eine Zeit lang, von Breslau nach Karpacz umzuziehen. „Aber ich dachte mir, dass Tage und Nächte zu Verlobungszeiten verheißungsvoller und süßer sind als diejenigen zu Ehezeiten", begründete er in einer Rede sein Zögern. So blieb er in Breslau zu Hause und in Karpacz Besucher.

Jetzt ist er doch zurückgekommen. Hinaus aus der Stadt, hin zu den Bergen, vielleicht, um dem Himmel ein wenig näher zu sein. Und vor allem seinem Freund Tomaszewski, der neben ihm ruht. Was mögen sie zu besprechen haben im Schatten der Wang-Kirche? Ein Gedicht über Tomaszewski lässt Różewicz mit den Versen enden: „Wir standen im schnee / zwei lächelnde jungs / im lauf gestoppt – im lauf wohin? / vielleicht zum frohen ziel – vielleicht … / zum lieben Gott der aber mag kein würfelspiel."

Es ist Zeit für mich, Abschied zu nehmen von diesem Ort, an dem ich nicht sein sollte.

Ein Weber und elf Apostel

Von Wałbrzych führt eine malerische Landstraße über Mieroszów nach Chełmsko Śląskie. Der Ort macht einen eher verschlafenen Eindruck, als hätte er die Entwicklung der letzten 25 Jahre in Polen verpasst. Mangels Infrastruktur oder mangels eigenen Interesses. Die größte Attraktion der Ortschaft bilden die sogenannten „12 Apostel", also ehemalige Weberhäuser, die in Reih und Glied stehen, als hielten sie Händchen am Ende der Durchfahrtsstraße. Auf mich wirken diese Häuser, von denen eins dem anderen gleicht, irgendwie verloren, zufällig übriggeblieben aus einer anderen Zeit. „Wie bestellt und nicht abgeholt", würde meine Mutter sagen.

Dieser architektonisch eindrucksvolle Komplex aus Holzhäusern stammt noch aus dem Jahr 1707, als die Zisterzienserabtei im nahegelegenen Grüssau ihn für zwölf tschechische Weberfamilien bauen ließ. Schömberg, wie Chełmsko Śląskie zu deutschen Zeiten hieß, entwickelte sich im 16. und 17. Jahrhundert zu einem blühenden Zentrum der Leinen- und Tuchweberei, von der man sagte, dass die Leinenhemden von hier sogar von den Cowboys im Wilden Westen Amerikas getragen wurden. Im 18. Jahrhundert begann dann der langsame Niedergang dieses Handwerks, das aufgrund ausländischer Konkurrenz und erschwerter Zollbedingungen kaum noch eine Perspektive für sich sah. Sowohl hier in Schömberg als auch an anderen Orten der Region kam es immer wieder zu Aufständen und Hungerrevolten, weil die wirtschaftlichen Bedingungen ein Überleben der Weber fast unmöglich machten. Erst mit dem Aufstand 1844 in den umliegenden Orten Peterswalde und Langenbielau, denen Gerhart Hauptmann später in seinem Drama „Die Weber" ein literarisches Denkmal gesetzt hat, gelangte das Thema an eine breitere

Öffentlichkeit. Doch da war es bereits zu spät. Die moderne maschinelle Produktion begann das Handwerk zu überholen, eine Tradition in dieser Region fand ihr Ende.

Fast. Denn in einem der alten Häuser treffe ich Adam, angezogen in traditioneller Weberkluft und ausgestattet mit einem Humor, den diese Gegend nicht vermuten lässt. „Kommst du nach Osten, kommst du nach Westen, in Schömberg sind Leinen und Kuchen am besten!", begrüßt er mich in Versen. Wie zum Beweis serviert er mir gleich mal seine Original „Apostelbombe", ein Stück Torte in Weberhäuserform nach traditioneller Rezeptur. Adam bezeichnet sich selbst als Don Quichotte, seine Frau als Dulcinea und die Behörden und Bewohner des Ortes als seine Windmühlen. Seine kleine Weberstube im Haus des „Apostel Philippus", in der man nicht nur Kaffee und Kuchen serviert bekommt, sondern zugleich einen tiefen Einblick in die Geschichte des Ortes und seiner Webtradition erhält, bezeichnet er als das letzte Refugium vergangener Zeiten. Wie einst Don Quichotte kämpft Adam darum, dass man der Geschichte des Ortes und der einstmals großen Bedeutung der Weberei hier mehr Aufmerksamkeit schenken möge. Aber vergeblich. „Niemand interessiert sich mehr dafür", sagt er. Selbst den wenigen Rentnern, die für billigste Miete noch in einem Teil der Apostelhäuser wohnen, sei die Geschichte der Häuser egal. Sogar eine „Gesellschaft für die Entwicklung von Chełmsko Śląskie – Schlesische Weber" habe er gegründet, die sich um die Wiederbelebung der alten Webtradition bemüht. Aber von den einst vierzig Mitgliedern seien nur noch vier aktiv.

Ich frage Adam, warum ich draußen nur elf Häuser zähle, obwohl es doch zwölf Apostel waren. Sofort holt er ein Album mit alten Aufnahmen hervor und zeigt mir historische Fotos. Früher stand ganz vorne das Haus des Judas, dann folgten das „Haus ohne Laubengänge" sowie die vier Häuser der Evangelisten, denen sich schließlich die weiteren elf Apostel anschlossen. Aber nach dem Krieg wurde viel zerstört, das Haus des Judas abgebrannt und verheizt. „Man war sich ja nicht sicher, ob die Deutschen nicht vielleicht doch wieder zurückkämen, und so nahm man sich erst mal, was man bekommen konnte", erzählt mir Adam. Bis auf die verbliebenen elf Apostel steht heute nichts mehr von der einstigen Anlage.

Draußen verbindet die elf Häuser ein überdachter Gang, in dem früher das fertige Leinen verkauft wurde. Im Innenraum der Häuser befanden sich die Werkstatt, eine Küche und ein Wirtschaftsraum, im oberen Stockwerk gab es die Wohnstuben und unter dem Giebel den Lagerraum. Adam geht mit mir in den Garten auf der anderen Seite und zeigt mir den kleinen Bach, der entlang der Häuser fließt und in dem früher der Flachs gereinigt und an dessen Ufern gebleicht und getrocknet wurde. Er bietet mir an, meinen Finger in eine kleine Quelle zu halten: „Wer den Finger hier reinsteckt, lebt bis zu seinem Tod!", sagt er, und es dauert ein wenig, bis ich den Witz kapiere.

Adam leidet darunter, dass niemand etwas dafür tut, um die Webtradition des Ortes zu pflegen und vielleicht auch touristisch mehr zu nutzen. So bleibt es seiner Frau überlassen, mit gekauftem Leinen ein paar Kunstwerke zu fertigen, die er in seinem Laden anbieten kann. „Für 250.000 Euro kann man alle Häuser erwerben", sagt Adam. Aber niemand wolle sie. Schon gar nicht mit Mietern. Als doch mal jemand Interesse äußerte, zog man das Angebot zurück. Dabei liegen um den Ort herum in unmittelbarer Nähe zahlreiche Touristenattraktionen, wie die Adersbach-Weckelsdorfer Felsenstadt in Tschechien. Doch es fehlen ein paar Hundert Meter Straße, um dorthin zu gelangen.

Obwohl der Ort Schömberg seit dem 13. Jahrhundert Stadtrecht hatte, entzog man es ihm 1946 und seitdem dümpelt er vor sich hin. Die Rathausuhr habe er vor einigen Jahren mit einem Freund repariert, erzählt Adam, aber man musste sie damals alle 32 Stunden neu aufziehen. Das erledigten dann die wenigen Touristen für ihn, die dafür sogar noch bereit waren, Geld zu zahlen. Er musste nur die Erinnerungsfotos schießen. Jetzt überlege er, nach Görlitz zu ziehen und dort sein Glück zu versuchen. Doch seine Weberinsel hier möchte er nur ungern aufgeben. Er fühlt sich dem Erbe dieser Tradition verpflichtet, auch wenn er kaum davon leben kann. Und so steht er wohl auch weiterhin den durchfahrenden Touristenbussen aus Deutschland, Holland, Polen und Tschechien bereitwillig mit Auskünften zur Verfügung. Sogar Gedichte hat er geschrieben, die die Geschichte der Stadt in Verse fassen. Als er mir eines vorträgt, bin ich beeindruckt. Es offenbart viel Wissen und Verständnis, ist humorvoll und keineswegs kitschig.

Als wir uns verabschieden, kommen zwei Motorradfahrer in schwarzer Lederkluft und mit schweren Helmen in die Stube. Wie aus einer anderen Welt. Sie schauen kurz rein, blicken sich um, gehen wieder raus und rauschen weiter auf ihren großen Maschinen.

Ich spaziere noch zum nahegelegenen Marktplatz. Auf einem kleinen, ziemlich provisorisch wirkenden Aushang auf einer Litfasssäule steht geschrieben: *Weinbergschnecken – leicht gesammelt, gut verkauft!* Dann folgt die Adresse, wo man sie abgeben kann. Im Park hinter dem Marktplatz liegen einige Schnecken herum und ich überlege einen Moment, dem Angebot nachzugehen. 55 Cent bekomme ich für ein Kilo. Aber das lohnt sich nicht. Genauso wenig, wie heute hier noch Leinen zu weben.

Geheimnisvolle Stollen unter der Erde

Die Anfahrt aus dem Ort Walim zum Eingang des Stollens lässt erahnen, dass sich hier etwas verbergen muss, was nicht für die Augen der Öffentlichkeit bestimmt war. Kurve um Kurve kämpft sich mein Auto einen schmalen, naturbelassenen Weg hinauf zu einer Anhöhe, und nicht nur einmal kämmt das Gebüsch oder ein Baum den Lack. Dann öffnet sich plötzlich eine Lichtung vor mir, ein großer Platz, umgeben von Bäumen, der rechts von einem Felsmassiv begrenzt wird. Ein übergroßes Banner auf einer hölzernen Imbissbude verkündet mir, dass ich angekommen bin auf dem „Wolfsberg", dem größten unterirdischen Stollensystem des „Komplex Riese".

Der gesamte „Komplex Riese" besteht aus sieben, nicht miteinander verbundenen unterirdischen Stollensystemen, die die Nationalsozialisten in den Jahren 1943 – 1945 im Eulengebirge angelegt haben. Die Hintergründe für dieses gewaltige Bauvorhaben schweben bis heute im Dunkeln. Für am wahrscheinlichsten hält man die These, dass Hitler hier ein gigantisches, neues Führerhauptquartier errichten lassen wollte, mit Wohn- und Arbeitsquartieren sowie einer unterirdischen Industrieanlage. Die Arbeiten an dem Stollensystem wurden allerdings nie abgeschlossen und so kursieren bis heute die wildesten Gerüchte, zu was diese kilometerlangen unterirdischen Stollen einmal dienen sollten. Als Waffenarsenal? Als unterirdischer Flughafen für Senkrechtstarter? Man weiß es nicht. Selbst ehemalige Mitarbeiter und Wachmänner wussten nicht, zu welchem Zweck sie eigentlich eingesetzt waren. Bis heute vermutet man entsprechende Unterlagen in Moskau, die vielleicht Aufschluss geben könnten über Sinn oder Unsinn dieses Unterfangens, bei dem Tausende von

Zwangsarbeitern aus eigens für sie angelegten Arbeitslagern vegetierten und oftmals ihr Leben ließen. Ob sich das Geheimnis jemals lüften lässt, steht in den Sternen.

Der Vorplatz zum Eingang des Stollens wird dem Ernst der Anlage nicht gerecht. Ohrenbetäubende Marschmusik tönt aus an Bäumen befestigten Lautsprechern, eine Schießbude lädt zum Überbrücken der Wartezeit ein, hier und dort stehen ein kleiner Panzer, ein Transportfahrzeug oder ein Maschinengewehr aus dem Zweiten Weltkrieg herum. Ein überdimensionales Plakat bewirbt zu allem Überfluss noch eine lustige und aufregende Lorenfahrt in einem unterirdischen Kohlebergwerk im nahegelegenen Nowa Ruda.

Ich fühle mich unwohl. Ein staatliches Museum würde einen solchen Ort sicher anders gestalten, aber der Komplex ist seit einigen Jahren in Privatbesitz und da hat der Kommerz Vorrang vor historischer Sensibilität. Man kann diesen Platz sogar mieten, um alte Schlachtszenen nachzuspielen oder Filmsequenzen zu drehen.

Ich bin froh, dass die nächste Führung, zu der sich sechs Personen angemeldet haben, in wenigen Minuten beginnt. Ein junger Mann rüstet uns mit Helmen aus, und im ersten Moment halte ich das ebenfalls für eine lediglich dem Tourismus dienende Maßnahme. Doch als sich das mit Tarnfarben bemalte Tor zu den Stollen öffnet und wir in die Dunkelheit treten, wird schnell klar, dass die Helme ihre Berechtigung haben. Überall im Stollen ragen spitze Felsstücke von oben und von den Seiten heraus, an denen man sich leicht verletzen kann. Eigentlich hätten wir auch Pelzmäntel bekommen müssen, denn es ist zudem bitterkalt im Innern.

Ein kurzer Film, der uns in einer stockdunklen Felsenhöhle vorgeführt wird, dient vor allem dazu, den Besuchern zu vermitteln, dass man eigentlich nichts über diesen Stollenkomplex weiß. Wofür er gebaut wurde, wie groß er ist, wie viele Menschen ums Leben kamen und so weiter. Bei Kriegsende fand man Hunderttausende leere Zementsäcke, und ehemalige Arbeiter berichteten, dass wochenlang Beton angemischt und in die Stollen gepumpt wurde. Wohin und wofür? Zum Einbetonieren eines geheimnisvollen Zuges? Auch das ist bis heute ein Rätsel …

Unser Weg durch die zweieinhalb Meter hohen und drei Meter breiten Stollen führt leicht aufwärts, damit die mit Steinen beladenen Loren leichter rausfahren konnten. Zum Abbremsen der Loren mussten – meist jüdische – Kinder Eisenstangen auf die Schienen werfen, was sie oft nicht überlebten. Die Dunkelheit der Stollen wird dabei durchbrochen vom grellen Schein starker Lampen, die sich im Matsch des Bodens spiegeln und das ganze Ausmaß der Grabungen sichtbar machen. Vor wenigen Jahren fand man in einem der Stollen sogar noch eine alte Glühbirne von damals, die immer noch funktionierte.

Der junge Mann, der uns durch die Gänge führt, bittet uns, zusammen zu bleiben, da man sich hier leicht verlaufen könne. Ich glaube das sofort. In einem Seitengang zeigt er uns eine 30 kg schwere Bohrmaschine, die von zwei Männern bedient werden musste. Sie diente dem Bohren von Sprenglöchern, in denen die Ladungen platziert wurden.

Es bleibt unfassbar, dass der Sinn und Zweck dieser kilometerlangen, teils zweistöckig in den Fels gehauenen Stollen bis heute nicht geklärt werden konnte. Allein diese Frage reicht aus, um die Spannung während unseres unterirdischen Spaziergangs auf Dauer aufrechtzuerhalten. Plötzlich hält unser Tross an und ich traue meinen Augen kaum. Vor uns liegen drei Holzboote im Wasser, in dessen vorderstes uns der junge Mann bittet einzusteigen. Ein unterirdischer Fluss in Hitlers Führerhauptquartier? Allmählich überkommen mich Zweifel und ich frage nach. Die Antwort ist ernüchternd. Das Grundwasser in den Stollen wurde künstlich aufgestaut, um den Touristen eine Bootsfahrt durch das Innere der Stollen zu ermöglichen. In der Hochsaison reisen viele

Gruppen hier an, dann finden in den drei Booten schon mal 50 Personen Platz …

Sehr lustig. Wahrscheinlich stimmt man dann noch ein passendes Liedchen an. Aber was würden die Angehörigen jener Arbeiter dazu sagen, die hier einst ums Leben gekommen sind? Die Bootsfahrt führt uns immer tiefer in den Berg hinein und nicht nur einmal sind wir froh, Helme zu tragen. Die Informationen hingegen, die wir im Laufe der Fahrt bekommen, erreichen uns alle nur im Konjunktiv. Was soll man auch erzählen, wenn man nichts Genaues weiß? Aber vielleicht liegt gerade darin die traurige Faszination des „Komplex Riese", der mich trotz des touristischen Brimboriums in seinen Bann zieht. Dieser Kampf zwischen Mensch und Natur muss mörderisch gewesen sein. Mag der Mensch ihn auch gewonnen haben, die Frage nach dem Sinn bleibt im Dunkeln zurück.

Nach einer Viertelstunde endet unsere Fahrt und damit auch die Tour. Doch unsere Annahme, wir würden jetzt von dem jungen Mann wieder nach draußen gebracht werden, bestätigt sich nicht. Er verabschiedet sich noch am Boot, nicht ohne uns den kurzen Weg zurück zu erklären. Den Stollen vor, dann bei der zweiten Biegung links, und schon seien wir draußen. Bestimmt. Nicht nur ich muss kurz auflachen. Sollten wir nicht zusammenbleiben, damit sich hier niemand verläuft? Wir tun alle so, als kämen wir klar, und machen uns auf den Rückweg zum Ausgang. Allein. Ohne Führer. An einer Biegung zögern wir. Erst jetzt, auf diesem letzten Stück, zeigt der Stollen sein wahres Gesicht.

Pastellose und Ruinen

Auf dem Weg von Breslau aus in den ländlichen Westen der Woiwodschaft Niederschlesien begleitet mich im Rückspiegel ein Wolkenkratzer. Kilometerweit blickt er mir nach, alleinstehend am Horizont, ohne jede Skyline an seiner Seite. Der polnische Millionär Leszek Czarnecki hat ihn in den vergangenen Jahren dorthin gebaut, aus dem Nichts, ins Nichts. Eine 212 Meter hohe Demonstration finanzieller Macht. Von einer Stadtsilhouette wie in Frankfurt oder Warschau ist Breslau noch weit entfernt, was diesen Koloss so einsam aussehen lässt. Ohne Brüder und Schwestern im Geiste ragt er als optisches Symbol der Stadt in den Himmel und scheint sich selbst nicht recht wohl zu fühlen in so exponierter Lage. Der Spott der Breslauer im Hinblick auf seine männlich anmutende Nacktheit tut ein Übriges.

Er passt nicht in die flache Landschaft und ich bin froh, als ich ihn nicht mehr sehe. Doch es dauert nicht lange, da springt alle paar Kilometer eine andere architektonische Spezies aus den Büschen in mein Blickfeld: Häuser in grell bemalten Farben. Einfamilienhäuser, Mehrfamilienhäuser, alte Häuser, neue Häuser, Geschäfte und ganze Wohnblocks. Bemalt, als ginge es ihnen darum, auf dem Mond Aufmerksamkeit zu erregen. Helllila, dunkellila, grellgelb, grellgrün, lilablassblau und weiß Gott, wie man all diese Schattierungen noch zu bezeichnen vermag. Die Häufigkeit dieser Art Hausbemalung lässt mich erst staunen, dann lachen und nach mehreren Wochen Omnipräsenz in meiner Optik weinen. Selbst die Marktplätze in den Städten und Dörfern wurden von dieser Krankheit angesteckt. Und die Polen haben ihr sogar einen Namen gegeben: „Pastellose", in Anspielung auf „Tuberkulose" oder andere ansteckende Erkrankungen.

Polen, die ich darauf anspreche, reagieren eher genervt. Sie können diese Farben selbst schon nicht mehr sehen, weil sie allgegenwärtig sind. Wo man geht und fährt, ist die „Pastellose" ausgebrochen. In jeder Stadt, in jedem Dorf, selbst wenn es nur aus zwei Häusern besteht. Besonders schlimm empfinde ich das Phänomen in dem kleinen Ort Lwówek, der wörtlich übersetzt „Klein-Lemberg" heißt. Dort stehen die grell bemalten Neubauten in unmittelbarer Umgebung des Marktplatzes. Es dauert eine Weile, bis ich mich an diesen Anblick gewöhne. Auf meiner Suche nach der Ursache für diese „Krankheit" werde ich bald fündig: Ruinen.

In ihrer landschaftlichen Präsenz stehen diese den grellbemalten Häusern in keiner Weise nach. Fabrikruinen, Hausruinen, Schlossruinen. An manchem Ort teilen sich „Pastellose-Häuser" und die Ruinen sogar eine Mauer, wie auf dem kleinen Marktplatz in Chełmsko Śląskie. „Die Pastellose ist unsere Abwehrreaktion auf die verfallenen Ruinen!", erklärt mir dort ein alter Mann das Phänomen. Der Eigentümer der hiesigen Ruine ließ sich nicht finden, deshalb könne man sie nicht abreißen, sagt er. Außerdem fehle das Geld dazu. Wie für so vieles hier in der Gegend.

Gegensätze wie das Nebeneinander von „Pastellose" und Ruinen prägen meine ganze Reise durch Westpolen. Sie sind Ausdruck der Extreme, die dieses Gebiet in den vergangenen 25 Jahren durchgemacht hat. Es ist bis heute relativ dünn besiedelt, alles nach dem Krieg zu erhalten, war unmöglich. Also baute man das eine auf und ließ das andere stehen. Nur manchmal haben die Ruinen Glück und werden einer neuen Bestimmung zugeführt. So finde ich an dem völlig verfallenen Förderturm des einstigen Kohlewerks in Nowa Ruda ein kleines Schild, das ankündigt, hier werde mit Hilfe von EU-Geldern irgendwann mal ein Kletterturm entstehen. Ich brauche wirklich viel Fantasie, mir diesen Kletterpark vorzustellen angesichts des Zustands der Fabrik und der Müllberge drum herum. Aber der Fantasie sind in dieser Region keine

Grenzen gesetzt. Und nicht nur einmal staune ich darüber, wie kurz ihr Weg in die Realität manchmal ist.

Der erste polnische Satz und seine Folgen

Am Anfang war das Wort. Oder in Polen vielmehr: der Satz. Geschichtsbewusstsein spielt in Polen immer noch eine große Rolle, und das gilt auch für die eigene Sprache. Viele gebildete Polen kennen den ersten überlieferten Satz ihrer Sprache auswendig, der vor vielen Jahrhunderten in einem Kloster westlich von Breslau niedergeschrieben wurde und sich bis heute tradiert hat. Als Beginn der nationalen Identität in sprachlicher Hinsicht.

Nach einer guten Stunde Autofahrt von Breslau durchfahre ich das Dorf Brukalice und erreiche kurz darauf das Kloster Henryków im gleichnamigen Dorf. Ein junger Mönch erwartet mich schon an der Pforte und drückt mir gleich ein paar Informationsflyer in die Hand. Er freut sich sehr darüber, dass ein Deutscher sich für die Geschichte des ersten polnischen Satzes interessiert. Meistens kämen nur polnische Touristen. Und Schulklassen.

Während wir durch die Gänge des Klosters wandeln, erzählt er mir ausführlich von dessen Geschichte und nationaler Bedeutung. Dabei leben heute in der Zisterzienserabtei nur noch sechs Mönche, ansonsten beherbergt das Kloster noch ein Priesterseminar sowie eine Kirchen- und eine Militärschule. Das Glanzstück ist freilich das „Heinrichauer Gründungsbuch", das Touristen aus dem ganzen Land anzieht. Nachdem wir einen längeren Gang mit hohem Gewölbe und zahlreichen Gemälden links und rechts passiert haben, zieht der Mönch einen Schlüssel aus der Tasche und öffnet mir die Tür zu einem prunkvollen Saal. In dessen Mitte erhebt sich eine Glasvitrine, die ein aufgeschlagenes Buch präsentiert. Ich bin angekommen an jenem Ort, an dem die polnische Sprache ihren Anfang nahm.

Eigentlich ist die Geschichte dieses Buches wenig spektakulär. Es stellt eine Art Inventarverzeichnis des Klosters in lateinischer Sprache dar, das über mehrere Jahrhunderte geführt und später zu einem Buch zusammengefasst wurde. In jenem Kapitel aus dem Jahr 1270 findet sich aber eine kurze, für das Buch eher untypische Erzählung eines Mönchs namens Peter, der über das Alltagsleben der Menschen im Ort Brukalice berichtet, um den Mönchen dessen Geschichte und Namensgebung näherzubringen. Im Rahmen dieser lateinischen Beschreibung des Dorflebens sagt der böhmische Grundbesitzer Boguchwał zu seiner polnischen Frau, die am Mühlrad steht und Mehl mahlt, den berühmten ersten niedergeschriebenen polnischen Satz, der da lautet: „Day ut ia pobrusa, a ti poziwai." Übersetzt bedeutet er in etwa: „Lass mich jetzt mahlen, und du ruh dich aus." So bedeutend dieser Satz für die polnische Sprachgeschichte sein mag, für den Urheber entpuppte er sich als äußerst ärgerlich, zumal er es ja nur gut gemeint hatte mit seinem Weib. Doch den Mühlstein zu drehen galt damals als Frauenarbeit, und so beschimpften die anderen Bewohner des Dorfes Boguchwał für sein Mitleid als „brukalic", also „Beschmutzer" seines Standes. So zumindest erklärt der Erzähler des Textes die Herkunft des Namens von „Brukalice", auf dessen Grund sich das Kloster befand.

Auch wenn unstrittig ist, dass in dem Satz böhmische und polnisch-schlesische Sprachelemente enthalten sind, gilt er dennoch als die Geburtsstunde der polnischen Sprache. Die Galanterie des Adligen gegenüber seiner Frau wurde sowohl sprachlich als auch inhaltlich in Polen tradiert. Noch heute hört man ab und an einen gebildeten Polen diesen Satz als – freilich scherzhafte – Redewendung zu seiner Frau sagen, wenn er ihr bei der Arbeit behilflich sein möchte.

Allerdings bin ich ein wenig enttäuscht, als ich erfahre, dass das vor mir liegende Buch in der Vitrine nur eine getreue Kopie des Originals darstellt, das in einem Breslauer Archiv aufbewahrt wird. Aber so ist das eben mit wertvollen Kulturgütern, noch dazu, wenn sie von nationaler Bedeutung sind. Sie brauchen mehr Schutz als ein Vitrinenglas.

Auf meinem Rückweg durch Brukalice passiere ich ein kreuzförmiges, steinernes Denkmal, das mich neugierig macht. Mein Verdacht, dass es mit dem „Heinrichauer Gründungsbuch" in Zusammenhang steht, bestätigt sich auf geradezu tragische Weise, als ich die Inschrift lese:

1270 - 1970. Auf diesen Besitzungen der schlesischen Piasten wurde vor 700 Jahren der Satz ausgesprochen: „Day ut ia pobrusa a ti poziwai", welcher als erster niedergeschriebener Satz in der polnischen Sprache gilt und im Heinrichauer Gründungsbuch enthalten ist. Zur Erinnerung an diesen Jahrestag sowie den 25. Jahrestag der Rückkehr Niederschlesiens zum Mutterland hat die Gemeinde Henryków diese Tafel gestiftet.

Wo, wenn nicht hier, war der Ort geeigneter, um zu kommunistischen Zeiten ein Denkmal für den Anschluss dieses vor dem Zweiten Weltkrieg noch deutschen Gebiets an das polnische Mutterland zu rechtfertigen? Schließlich war hier schon vor 700 Jahren der erste polnische Satz gesprochen worden.

Es freut mich ein wenig zu sehen, dass das Gras um das Denkmal immer höher wächst und auch die Möglichkeiten, hier sein Auto zu parken, begrenzt sind. So steht es zunehmend vergessen am Straßenrand, als stummer Zeuge einer Zeit, in der die Interpretation von Geschichte wichtiger war als die Geschichte selbst.

Zur Kur in die Kindheit

Auf meinem Spaziergang durch den Ortskern von Polanica Zdrój, das am Fuße des Heuscheuergebirges liegt, werde ich plötzlich stutzig: Auf einem kleinen Platz stehen mehrere große Trampoline aufgebaut, daneben Fahrautomaten für Kinder. Diese Art sportlicher Betätigungsmöglichkeit hätte ich in diesem alten Kurort nicht erwartet. Aber es hüpft auch niemand, und die Plastikpferde zum Reiten stehen ebenfalls still. Die Menschen auf der Straße gehören meist der älteren Generation an, manche gehen am Stock, andere gestützt auf eine Begleitperson. Auf den ersten Blick unterscheidet sich dieser Kurort nicht von anderen, die ich gesehen habe.

Wie in vielen Kurorten durchzieht ein kleiner Fluss den Ort, an dem man links und rechts entlang promenieren und den man über kleine Brücken überqueren kann. Dem Flüsschen hier allerdings hat die Geschichte übel mitgespielt. Hieß es vor dem Krieg noch „Reinerzer Weistritz", so trägt es jetzt den fast unaussprechlichen Namen „Bystrzyca Dusznicka". Ich sollte mich damit trösten, dass der alte deutsche Name für die Polen mindestens ebenso schwer auszusprechen war, wie es jetzt der polnische für die Deutschen ist.

Der Ort selbst hieß vor dem Krieg Altheide-Bad und war einer der wenigen Kurorte im deutschen Sprachraum, der das „Bad" hintenan stellte. Seit fast 200 Jahren gibt es hier Badeeinrichtungen, reisen die Menschen zur Behandlung von Herz-, Kreislauf- oder Nervenerkrankungen an. Vor allem Anfang des 20. Jahrhunderts erfreute sich Altheide-Bad großer Beliebtheit. Doch obwohl der Ort während des Zweiten Weltkriegs von Zerstörungen verschont blieb, bildete der Krieg nicht nur im Hinblick auf den neuen Namen eine Zensur. Nach der Vertreibung der deutschen Bevölkerung nach

1945 kamen hier viele Heimatvertriebene aus Ostpolen an, die zum Teil bis heute geblieben sind. Sie kamen genauso unfreiwillig, wie die Deutschen im gleichen Zeitraum weggegangen sind. Am Ende verband beide die Sehnsucht nach der alten Heimat.

Auf der breiten Promenade vor dem Kurhaus „Wielka Pieniawa" höre ich viele der älteren Kurgäste deutsch sprechen. Einige sind also zurückgekommen, meist in hohem Alter, um ihre Sehnsucht nach der Kindheit zu stillen. Wenigstens für ein paar Wochen als Kurgast in der alten Heimat. Einen der Gäste auf der Promenade spreche ich an. Der ehemalige Arzt ist über 90 Jahre alt und stammt aus Kattowitz. Bis zum Zweiten Weltkrieg wohnte er im deutschen Teil Oberschlesiens, gar nicht so weit weg von hier. Jetzt lebt er in Düsseldorf. Aber nicht er antwortet mir auf meine Fragen, sondern seine Begleiterin. Sie ist Polin und pflegt ihn in Deutschland, weil er aufgrund seiner Demenzerkrankung kaum sprechen kann. Zur Kur wollte er unbedingt nach Polen. Beziehungsweise in seine alte Heimat. Die liegt heute nun mal in Polen. Ein Problem damit hat er nicht. Sonst ließe er sich ja wohl kaum von einer Polin pflegen, sagt seine Pflegerin und lacht. Er lacht auch, obwohl er nicht alles verstanden hat. Die Geschichte spielt in diesem Alter keine Rolle mehr. Es geht vor allem um die Erinnerung und natürlich die Gesundheit. Deutsche Gäste bekommen in Polanica Zdrój die gleichen Behandlungen wie in Deutschland. Sogar bessere als an der Ostsee, meint die Pflegerin. Und billigere. Ob es Verständigungsprobleme gebe, frage ich, doch sie verneint. Die behandelnden Masseure und Ärzte sprächen alle Deutsch, und wenn es mal ein Problem gibt, wird jemand geholt, der hilft.

Als ich im Kurhaus „Wielka Pieniawa", das mit seiner imposanten Jugendstilarchitektur den Kurpark überragt, in einer Broschüre die verschiedenen Behandlungsangebote überfliege, überkommen mich Zweifel, ob die Sprachbarriere nicht doch ab und an während der Anwendungen ein

Problem sein könnte. So lese ich dort von Moorpackungen, Kohlensäure-, Wirbel-, Sole-, Perlbädern, Jodsalzhöhlen, Laser- und Kryotherapien und anderem mehr. Wer kann das im Zweifelsfall übersetzen? Aber vielleicht ist es ab einem gewissen Alter egal, ob man in einer Jodsalzhöhle sitzt oder im Moorbad. Hauptsache in der alten Heimat.

Im Kurhaus arbeitet eine eigens für die deutschen Gäste angestellte Betreuerin, die sich mir als Ula vorstellt. Sie ist zuständig dafür, dass die deutschen Gäste hier gut ankommen und sich während ihres Aufenthalts wohlfühlen. Ich frage sie, ob denn nicht immer weniger deutsche Gäste kämen, weil die Generation, die vor dem Krieg hier geboren ist oder gar gelebt hat, immer mehr abnimmt. Sie nickt, aber so schlimm sei es nicht. Die Qualität der Angebote und die günstigen Preise hier hätten sich längst herumgesprochen. Häufig begleiteten die Kinder ihre Eltern und kämen dann irgendwann selbst. Allein oder wiederum mit ihren Kindern. Das Kurhotel sei jedenfalls immer noch gut gebucht. Aber die große Mehrheit der Gäste komme freilich aus Polen. Die Krankenkassen überweisen sie hierher zur Therapie, allerdings mit einem Versorgungspaket zweiter Klasse. Da gab es früher schon mal Probleme, als die Polen noch gemeinsam mit den deutschen Gästen zu Mittag aßen und feststellten, dass deren Essen besser war als das eigene. Nicht nur einmal flogen da Ressentiments durch den Raum und es kam zu Konflikten, die nicht selten in alten Kriegsgeschichten kulminierten. Aber mittlerweile isst man getrennt zu Mittag und deutsche und polnische Gäste haben kaum Kontakt zueinander. Es sei schließlich nicht die Aufgabe des Kurhauses, Versöhnungsarbeit zu leisten oder Ressentiments zwischen alten Polen und alten Deutschen abzubauen. Die Gäste sollen sich hier erholen und nicht streiten.

Aber irgendwann trifft man sich dann eben doch in dcm kleinen Ort. Spätestens, wenn irgendwo ein Tanzabend angeboten wird. Und das geschieht, wenn man den Programmaushängen im Ort glauben möchte, so ziemlich jeden Tag. Dann spielt es keine Rolle mehr, aus welchem Land man kommt oder welche Krankheit man hat. Im Mittelpunkt der Gespräche stehen dann die Erinnerungen an alte Zeiten und, natürlich, der Walzer – und den tanzt man in Deutschland und Polen gleich.

Die Magie der Felsen

Es sind nicht allein die Menschen und deren Geschichte, die die Faszination des heutigen Westpolens ausmachen. Es sind vor allem auch die Erscheinungen der Natur, deren Magie die Menschen hier seit Jahrhunderten fesselt, unabhängig davon, welchem Land man glaubte sie zuordnen zu müssen. Die Felsen und Höhlen, Ebenen und Täler dieser Region scheren sich wenig darum, in welcher Sprache der Mensch sich in oder auf ihnen unterhält. Im Gegenteil. Mit der Zeit lehrten sie die Bewohner der Umgebung das Fürchten, verschafften sich Respekt, indem sie mit dem Wetter spielten oder unheimliche Geräusche von sich gaben. Deshalb nähere ich mich dem Heuscheuergebirge im Südwestzipfel Polens ziemlich unpolitisch, suche hier nicht nach Geschichte oder nach Grenzen. Nur nach Magie.

Bereits am Eingang zum Nationalpark werde ich fündig: Ein Freizeitpark mit riesigen Plastikdinosauriern buhlt bei den Kindern um Aufmerksamkeit. Ehrlich gesagt, hatte ich mir die Magie der Natur hier etwas dezenter vorgestellt, doch im Gegensatz zu den Stoffschlümpfen und dem sonstigen Souvenirkram, der in kleinen Buden verkauft wird, passen die Saurier in gewissem Sinne ganz gut zu den Felsmassen, die zu besteigen ich mir vorgenommen habe.

Doch von Besteigen kann zunächst keine Rede sein. Gut gesicherte Steinstufen mit Geländer links und rechts geleiten mich auf dem Weg nach oben. Ich frage mich, ob die Tatsache, dass sich das Heuscheuergebirge in unmittelbarer Nähe zahlreicher Kurorte befindet, hier eine Rolle spielen mag. Ein Gebirge so zu gängeln erscheint mir tragisch.

Gleich zu Beginn des Aufstiegs erläutert mir eine Informationstafel, dass ein gewisser Franz Pabel aus Karlsberg für diesen gut ausgebauten Weg verantwortlich ist. Er hatte ihn im Jahr 1790 erstmals – damals noch ohne Stufen! – angelegt und wurde anschließend zum ersten offiziellen und hauptamtlichen Bergführer in den Sudeten ernannt. Eigentlich hätte es meiner Ansicht nach gerade dann keines Bergführers mehr bedurft, doch ich verfolge diesen Gedanken nicht weiter.

Nach einiger Zeit lerne ich die Vorarbeit von Herrn Pabel aufrichtig zu schätzen und erreiche nur wenig ermüdet die „Hütte der kleinen Schweizerin". Sie ist die einzige Hütte in den Sudeten, die nicht mit dem Auto angefahren werden kann, so dass alles Gerät und sämtliche Lebensmittel mit einem speziellen Aufzug aus dem Tal hochgefahren werden müssen. Eine Gedenktafel erinnert hier an Franz Pabel, eine andere an den Besuch des amerikanischen Präsidenten Quincy Adams im Jahr 1800 und – wie könnte es anders sein – eine dritte an die Anwesenheit Goethes im August 1790, der anschließend gleich eine geologische Beschreibung verfasste.

Ich fühle mich also in guter Gesellschaft, genieße bei einer Tasse Kaffee den herrlichen Ausblick ins Tal und betrete nach Bezahlung des geringen Eintrittsgeldes den „Pfad der Felsenskulpturen".

Es dauert nur wenige Minuten, und ich habe die Saurier hinter mir gelassen, die Schlümpfe, die Treppen mit dem Geländer. Fels um Fels passiere ich die unglaublichsten Gesteinsformationen, so dass ich schnell vergessen habe, auf welchem Weg ich hierher gekommen bin. Nach jeder Windung erhebt sich ein neues Hindernis, eine Schlucht, ein Spalt, ein Fels, unter dem hindurchzukriechen ich gezwungen werde. Manchmal muss ich meinen Rucksack abnehmen, um seitwärts Felsspalten zu durchqueren, die nur 40 Zentimeter breit sind, sich dafür links und rechts von mir bis zu zwölf Meter in die Höhe recken.

Nur vereinzelte Holzbretter auf dem Boden geben mir Gewissheit, dass auch vor mir schon jemand hier war. Ab und zu ein Geländer oder ein Schild, das mich auf besondere Felsformationen aufmerksam macht. In der Regel erkenne ich bei solchen Spielen nichts oder nicht viel, doch hier im Heuscheuergebirge ist die Ausdrucksstärke der Formationen beeindruckend. Eine Glucke, ein Kamel, ein paar Meter weiter ein Küken und die Küche des Teufels in einer Schlucht. Ein Affe, der sich plötzlich kingkonggleich links aus einer Felswand erhebt und in die Tiefe des Tals blickt, lässt mich schaudern. Kann es so etwas geben? Hat da jemand nachgeholfen? Oder war es die Natur selbst, die sich angemaßt hat, ein Ebenbild von sich selbst zu schaffen?

Nur schwer löst sich mein Blick von dem Gorilla, dem es gegeben ist, zeitlos in die Weite zu blicken, über ein kleines Dorf hinweg, das tief unten im Tal, fern jeder Zivilisation, der Welt entrückt zu sein scheint. Ich hingegen muss aufpassen, mir meinen Kopf nicht an irgendeinem Felsvorsprung aufzuschlagen oder durch einen unvorsichtigen Schritt in einen Spalt abzustürzen, in den echte Affen Müll geschmissen haben. Geländer hin oder her, spätestens hier oben ist für Kurgäste Schluss …

Irgendwann habe ich es dann auch geschafft. Ein steinerner Elefant bläst zum Rückmarsch und weist mir den Weg zum Abstieg. Nach einigen Treppenstufen, die mich in die Gegenwart zurückholen, bin ich wieder angekommen bei meinen Plastikdinosauriern, deren sehnsüchtigen Blick zu den Felsen ich jetzt nachvollziehen kann …

R.I.P.

SERCE
POZOSTAWIONE
W
PASTERCE

Überleben am Ende der Welt

Der Blick des Steingorillas von den Gipfeln des Heuscheuergebirges hinaus in die Weiten Niederschlesiens und Tschechi-
ens geht mir nicht aus dem Kopf. Nur Hügel, Felder, Wälder
und irgendwo mittendrin eine kleine Kirche neben ein paar
alten Häusern. Wer lebt dort? Wie lebt man dort? Und vor
allem: Warum lebt man dort?

Ich steige ins Auto und mache mich auf die Reise, raus aus
der ohnehin schon ländlichen Zivilisation, rein in den Wald.
Immer tiefer, wie einst Hänsel und Gretel, nur im Auto sitzend, auf schmalen Straßen und Wegen, und es dauert nicht
lange, dann gibt mein Navi auf. Diesen Flecken Europas hat
kein Satellit auf dem Schirm. Auch das Handynetz hat sich
längst verabschiedet und so bin ich nun dort, wo ich nie hin-
wollte: im Nirgendwo. Am Ende der Welt.

Ein Holzschild an einer Biegung holt mich schließlich zurück aus der Orientierungslosigkeit und weist mir mein Ziel:
Schronisko Pasterka steht darauf, „Zur Herberge Pasterka".
Nach einigen weiteren Kilometern erscheinen rechts ein paar
alte, scheinbar verlassene Häuser, links erhebt sich die Kirche, die ich von den Gipfeln des Heuscheuergebirges aus gesehen habe. Dann führt ein Feldweg zu einer Art Herberge.
Ich steige aus und trete ein.

Ein paar polnische und tschechische Fahrradtouristen
trinken Tee und essen Kuchen. Ich frage den Gastwirt, ob er
in Pasterka lebt und mir etwas über das Dorf erzählen kann.
Aber sein Grinsen verrät mir, dass er – Gott sei Dank – hier
nicht wohnen muss. Ich müsse über den Hügel gehen, rüber
über die Wiesen, dann komme ein Haus, in dem jemand woh-
ne. Und falls wir hier übernachten wollten, würde das nur 30
Złoty kosten, umgerechnet 7 Euro 50.

Ich behalte sein Angebot im Kopf und mache mich auf den Weg. Diesmal zu Fuß, vorbei an einer ziemlich ungewöhnlichen Grabplatte mitten auf der Wiese: *R.I.P. Serce pozostawione w Pasterce* steht auf ihr geschrieben, was übersetzt bedeutet: „Ruhe in Frieden. Ein Herz, verloren in Pasterka". Mir gefällt, dass das Herz anatomisch gemalt ist, mit Schlagadern und Kammern, fern jeder romantischen Verklärung. Das passt hierher, denn an diesem Ort geht es nicht um Romantik. Es geht ums Überleben.

Nach einer Viertelstunde Spaziergang erreiche ich ein ziemlich altes und verwahrlostes Haus, das mir nicht den Eindruck macht, bewohnt zu sein. Doch die Schafe davor geben mir Hoffnung und ich klopfe.

Eine junge Frau öffnet mir, der ich meinen Wunsch, etwas über Pasterka zu erfahren, kurz erzähle, worauf sie mich spontan zu Kaffee und Kuchen einlädt. Ihr Name ist Katarzyna und sie freut sich sehr, dass sich jemand für ihr Dorf interessiert.

Vor dem Krieg hieß Pasterka noch Passendorf und war ein beliebter Ferien- und Wintersportort in der Region. Über 600 Menschen wohnten hier und es gab eine Bäckerei, einen Steinbruch, eine Feuerwehr, ein Zollamt, eine Weberwerkstatt und eine eigene Pfarrei. Nach dem Krieg war dann alles vorbei. Die hier lebenden Sudetendeutschen wurden ausgesiedelt, die Häuser abgerissen oder woanders wieder aufgebaut. Unweit von ihrem Haus zeigt mir Katarzyna im Gebüsch noch die Fundamente einiger ehemaliger Wohnhäuser.

Als ich Katarzyna frage, wie viele Menschen heute noch hier wohnen, geht sie an ihren Fingern die verbliebenen fünf Häuser durch. Dabei zählt sie nicht die Familien, sondern deren Bewohner. Am Ende reichen die Hände nicht. Sie kommt auf elf. Kaum zu glauben. Die Einwohnerzahl von Pasterka beträgt elf. Ein Geschäft gibt es nicht mehr, nur ein Caritashaus und die Kirche sowie die Herberge für Touristen, die ein paar Tage abschalten wollen. Das ist alles.

Eigentlich sei sie durch Zufall hierhergekommen, erzählt mir Katarzyna. Früher lebte sie mit ihrem Mann an der Ostsee und kam vor fünf Jahren im Urlaub in den Süden, um ihrem Sohn Michał den Schnee zu zeigen. Aber sie hatten Pech. Es gab keinen Schnee, und so fuhren sie einfach durch die Gegend. Sie verfuhren sich, strandeten in Pasterka, sahen das alte Haus und beschlossen spontan, dem Stadtleben den Rücken zu kehren. So einfach kann das Leben sein. Im Erdgeschoss dieses fast hundert Jahre alten Hauses, von dem ein Teil früher als Stall diente, zeigt mir Katarzyna noch die einbetonierte Abflussrinne für die Fäkalien der Stalltiere. Als sie hier ankamen, war draußen alles überwachsen mit Brennnesseln und Büschen, kein Rasenmäher wäre da durchgekommen. Also kauften sie Schafe.

Ihr Sohn Michał sitzt neben uns im Zimmer und spielt am Computer. Er lebt als einziges Kind im Ort, morgens kommt extra ein Schulbus, um ihn abzuholen und nach Radków zu bringen. Freunde besuchen ihn nur übers Wochenende, denn Kurzbesuche lohnen den Aufwand nicht. Ob das Leben für ihn hier nicht langweilig sei, frage ich ihn, und er zuckt nur gleichgültig die Schultern. Er ist jetzt zwölf und kann sich ein anderes Leben nicht vorstellen. Im Gegensatz zu seinen Klassenkameraden kennt er keine Angst. Er weiß immer, wie man sich durchschlägt im Leben. Das hat er hier gelernt.

Ansonsten leben in Pasterka noch ein paar Rentner, eine Lehrerin, ein Förster und eben Katarzyna mit ihrem Mann und Michał. Außerdem natürlich die 40 Schafe, zwei Hunde und Katzen. Das war's dann. Ihr Mann führt hier ein paar Mal im Jahr Vorbereitungskurse für Spezialeinheiten der polnischen Armee durch. Ziel ist das Überleben in freier Natur. Einen besseren Ort findet man in ganz Polen nicht. Kompass lesen, Schlafstatt bauen, Essen in freier Natur suchen – solche Fähigkeiten können hier von Vorteil sein. Der Alltag hingegen muss gut organisiert sein. „Die Butter mal eben beim

Einkaufen vergessen geht gar nicht", sagt Katarzyna. Alles muss geplant sein, die Wege sind immer weit.

Katarzyna möchte mir etwas zeigen, deshalb steigen wir in einen großen, panzergleichen Geländewagen, der direkt auf der Wiese vor dem Haus steht. Die Gemeinde weigert sich, eine Zufahrtsstraße zu finanzieren, deshalb liegt das Haus abgeschnitten von allen Wegen im Grünen. Aber für den Geländewagen ist das kein Problem. Und so fahren wir noch weiter in den Wald hinein, nur diesmal gänzlich ohne Straßen, nur einen breiten Fußweg entlang.

Nach ein paar Hundert Metern hält Katarzyna an und wir steigen aus. Neben uns steht eine Reihe von Grenzsteinen, auf denen ein eingeritztes D zu erkennen ist, aus dem ein gemaltes schwarzes P gemacht wurde. „Früher", erzählt Katarzyna, „befand sich hier die deutsch-tschechische Grenze, jetzt ist es die tschechisch-polnische. Pasterka ist einer der ganz wenigen Orte Polens, der Tschechien als Nachbar im Norden hat." Vor meinen Augen öffnet sich die Landkarte Europas. Tschechien im Norden Polens? Geht nicht? Geht doch. Hier in Pasterka.

Ein Stück weiter passieren wir noch ein altes Grenzhäuschen, Wegsperren sowie zwei alte Wegweiser aus Stein mit Angaben Richtung Möhlten und Bartzdorf, Orte, die heute in Polen und Tschechien liegen. Aber es interessiert sich niemand mehr für diesen abgelegenen Flecken mitten im Wald. Genauso wenig wie für die noch erhaltenen deutschen Gräber auf dem Friedhof der alten Johannes-Kirche. Einen Pfarrer gibt es schon lange nicht mehr. Einmal die Woche hält der Pfarrer aus Radków die Messe, aber es kommen nur wenige Menschen. Nur einmal im Jahr ist die Kirche restlos voll. An Weihnachten, wenn „Pasterka" gefeiert wird, also die Christmette. Aus vielen polnischen Städten kommen dann die Menschen, weil man angeblich nur in der Kirche von Pasterka eine richtige „Pasterka" feiern kann. Aber dann wird's schnell wieder einsam im Ort.

Wie die Zukunft von Pasterka aussieht, frage ich Katarzyna. Und sie muss lange nachdenken. Sie träumt davon, Pasterka zu einem idyllischen Dörfchen im Zentrum verschiedener, bereits vorhandener Reit-, Wander- und Fahrradpfade auszubauen. Aber die Gemeinde spielt nicht mit. Im Gegenteil. Am liebsten würde man das Dörfchen beseitigen, weil es auf dem Gelände eines Nationalparks liegt. Da stören Menschen nur. Und auch die Schafe. Katarzyna hat deshalb ständig Ärger mit den Behörden, die immer neue Gründe suchen, den wenigen Bewohnern das Leben schwer zu machen. Was wird bleiben? Bietet Pasterka für Michał eine Zukunft? Ich kann es mir schwer vorstellen. Aber sollte das Dörfchen eines Tages verschwinden, verschwände auch ein letzter Rest unentdeckten Europas. Es wäre schade darum.

Verzeichnis der Ortsnamen (Polnisch – Deutsch)

Bolegorzyn – Gut Bulgrin
Bolesławiec – Bunzlau
Boleszkowice – Fürstenfelde
Borne Sulinowo – Groß Born
Brukalice – Taschenberg
Chełmsko Śląskie – Schömberg
Cieplice Śląskie – Bad Warmbrunn
Czelin – Zellin
Drzymałowo – Podgradowice – Kaisertreu
Góry Stołowe – Heuscheuergebirge
Gorzów Wielkopolski – Landsberg an der Warthe
Gozdowice – Güstebiese
Henryków – Heinrichau
Jelenia Góra – Hirschberg
Jezioro Resko Przymorskie – Kamper See
Karpacz – Krummhübel
Kołobrzeg – Kolberg
Kostrzyn nad Odrą – Küstrin
Koszalin – Köslin
Kszeszów – Grüssau
Lubomierz – Liebenthal
Lwówek Śląski – Löwenberg
Łomnica – Lomnitz
Maciejowa – Maiwaldau
Mieszkowice – Bärwalde
Mysłakowice – Erdmannsdorf
Nowa Ruda – Neurode
Nowa Sól – Neusalz an der Oder
Osinów Dolny – Niederwutzen
Pasterka – Passendorf
Pławna Górna – Schmottseiffen
Pniewo – Osterwalde
Polanica Zdrój – Altheide-Bad

Police – Pölitz
Polkowice – Polkwitz
Rakoniewice – Rakwitz
Rogowo – Roggow
Siekierki – Zäckerick
Sierakowo Sławieńskie – Zirchow
Śnieżka – Schneekoppe
Świebodzin – Schwiebus
Szczecin – Stettin
Szczecinek – Neustettin
Wałbrzych – Waldenburg
Walim – Wüstewaltersdorf
Węgliniec – Kohlfurt
Witnica – Vietz
Wrocław – Breslau
Zielona Góra – Grünberg

Verzeichnis der Ortsnamen (Deutsch – Polnisch)

Altheide-Bad – Polanica Zdrój
Bad Warmbrunn – Cieplice Śląskie
Bärwalde – Mieszkowice
Breslau – Wrocław
Bunzlau – Bolesławiec
Erdmannsdorf – Mysłakowice
Fürstenfelde – Boleszkowice
Groß Born – Borne Sulinowo
Grünberg – Zielona Góra
Grüssau – Kszeszów
Güstebiese – Gozdowice
Gut Bulgrin – Bolegorzyn
Heinrichau – Henryków
Heuscheuergebirge – Góry Stołowe
Hirschberg – Jelenia Góra
Kaisertreu – Drzymałowo – Podgradowice
Kamper See – Jezioro Resko Przymorskie
Köslin – Koszalin
Kohlfurt – Węgliniec
Kolberg – Kołobrzeg
Krummhübel – Karpacz
Küstrin – Kostrzyn nad Odrą
Landsberg an der Warthe – Gorzów Wielkopolski
Liebenthal – Lubomierz
Löwenberg – Lwówek Śląski
Lomnitz – Łomnica
Maiwaldau – Maciejowa
Neusalz an der Oder – Nowa Sól
Neurode – Nowa Ruda
Neustettin – Szczecinek
Niederwutzen – Osinów Dolny
Osterwalde – Pniewo
Passendorf – Pasterka

Pölitz – Police
Polkwitz – Polkowice
Rakwitz – Rakoniewice
Roggow – Rogowo
Schmottseiffen – Pławna Górna
Schneekoppe – Śnieżka
Schömberg – Chełmsko Śląskie
Schwiebus – Świebodzin
Stettin – Szczecin
Taschenberg – Brukalice
Vietz – Witnica
Waldenburg – Wałbrzych
Wüstewaltersdorf – Walim
Zäckerick – Siekierki
Zellin – Czelin
Zirchow – Sierakowo Sławieńskie

Zur Aussprache im Polnischen

Betonung: vorletzte Silbe

ą nasaliertes **o** wie in frz. *bon* oder *Fasson, Bonmot*

ć bzw. **ci** etwa wie eine enge Lautverbindung von poln. **t + ś**, z. B. in dt. *Lottchen*

c wie das dtsch. **z** in *zu*

cz wie dtsch. **tsch** in *Tschechien*

ę nasaliertes **e** wie in frz. *bien* oder *Teint, Bassin*

e wie dtsch. **offenes e** in *besser*

ł wie engl. **w** in *well, woman*

ń bzw. **ni** wie frz. **gn** in *Cognac*

o wie dtsch. **offenes o** in *Oskar*

ó wie dtsch. **u** in *muss*

rz lautlich identisch mit **ż**

ś bzw. **si** wie etwa das dtsch. **ch** in der Ableitungssilbe *-chen* – z.B. *Lenchen, Frauchen*

s wie das dtsch. **scharfe s** (ß bzw. ss) in *Wasser, Fuß*

sz wie dtsch. **sch** in *Schule*

y etwa wie dtsch. **dumpfes, unbetontes e** im Wortauslaut: *Sache, Vase*

ź bzw. **zi** weicher und spitzer als poln. **ż**

z wie das dtsch. **stimmhafte s** in *Rose*

ż wie dtsch. **j** in *Journalist* oder **g** in *Garage*

Übersichtskarte zu den im Buch beschriebenen Orten

Zum Autor

Dr. Matthias Kneip wurde 1969 in Regensburg geboren und studierte Germanistik, Ostslawistik und Politologie an der Universität Regensburg. Schon als Kind wuchs er zwischen deutschen, polnischen, schlesischen und bayerischen Traditionen auf, die seine Eltern, die als Deutsche in Oberschlesien groß geworden waren, ihm in die bayerische Wiege legten. Später entdeckte er seine Liebe zu Polen und arbeitete als Lektor für deutsche Sprache und Literatur an der Universität Oppeln/Polen. Seit 2000 ist Matthias Kneip als wissenschaftlicher Mitarbeiter am Deutschen Polen-Institut in Darmstadt tätig, außerdem arbeitet er als freier Schriftsteller, Publizist und Polenreferent. Er hat zahlreiche Bücher über Polen geschrieben und erhielt für sein Engagement im deutschpolnischen Kulturaustausch unter anderem den Kulturpreis Schlesien des Landes Niedersachsen 2011 sowie 2012 das Kavalierskreuz des Verdienstordens der Republik Polen, verliehen vom Präsidenten der Republik Polen. Zuletzt erschien sein Buch „111 Gründe, Polen zu lieben" (2015) im Verlag Schwarzkopf & Schwarzkopf. Matthias Kneip lebt in Darmstadt und Regensburg.

Matthias Kneip

Polen
Literarische Reisebilder

Der Band *Polen. Literarische Reisebilder* vereint erstmals Matthias Kneips Werke *Grundsteine im Gepäck*, *Polenreise* und *Reise in Ostpolen* in einer stilvollen Gesamtausgabe.

Der Autor zeichnet in seinen gleichermaßen feinsinnigen wie informativen literarischen Texten und singulären Lyrikeinheiten ein einfühlsames und zugleich lebendiges Portrait Polens. Ergänzt wird das Werk durch Bilder von geschichtsträchtigen Orten, von nur scheinbar unwichtigen kleinen Plätzen und von solchen, die einen Einblick in die Mentalität der Menschen geben.

Kneip offeriert dem Leser atmosphärische Eigenheiten des Landes, bekannte und unbekannte Persönlichkeiten oder Ereignisse aus der Geschichte – auch der deutsch-polnischen Beziehungen – und spürt spannende Menschen und Gegenden auf. Dies meist verbunden mit der Reise in entlegene Orte, deren Bedeutung nicht selten größer ist als ihre Popularität.

Ein äußerst facettenreiches Mosaik eines faszinierenden Landes.

524 Seiten

ISBN: 978-3-938470-81-7

29,90 Euro

www.lektora.de

Bei Lektora erschienen

Matthias Kneip

Grundsteine im Gepäck

Mit "Grundsteine im Gepäck" gelingt Matthias Kneip ein ungewöhnliches und wohl einmaliges Porträt Polens, ein Mosaik aus Gedichten und Prosastücken, in dem der junge deutsche Autor Szenen des polnischen Alltags ebenso feinfühlig und liebevoll beschreibt wie die Atmosphäre polnischer Städte. Krakau, Breslau oder Danzig erhalten in den Reiseskizzen von Kneip ein Gesicht, drücken eine Stimmung aus, wie sie wohl nur jemand in der Lage zu zeichnen ist, der mit deutschen und polnischen "Grundsteinen im Gepäck" unterwegs ist.

132 Seiten

ISBN: 978-3-938470-76-3

12,80 Euro

www.lektora.de

Matthias Kneip

Polenreise

Das Buch von Matthias Kneip ist ein ausgezeichneter Reisebegleiter durch Polen – poetisch geschrieben, persönlich und objektiv zugleich. Ich muss beschämt bekennen, dass sogar ich durch das Buch viel über mein Land erfahren habe.
Adam Zagajewski

Es wird die Zeit kommen, da man nicht mehr nach Mallorca reisen möchte, sondern nach Osten, nach Polen zum Beispiel.
Dabei könnte das Buch von Matthias Kneip als nützlicher Cicerone dienen.
Michael Krüger

Nach dem Erfolg seines Buches „Grundsteine im Gepäck. Begegnungen mit Polen" macht sich der Schriftsteller Matthias Kneip erneut auf den Weg nach Polen. Auf seiner Reise durch das Land hält er Station an 35 bekannten, aber auch weniger bekannten Orten, die ihm als Ausgangspunkt dienen, um dem Leser auf einfühlsame Weise spezifische Eigenheiten des Landes, besondere Persönlichkeiten oder Ereignisse aus der Geschichte näher zu bringen. Mit „Polenreise. Orte, die ein Land erzählen" gelingt ihm ein eindrucksvolles, sehr persönlich geschriebenes Porträt, welches das Land in Texten und Bildern in seinen verschiedenen Facetten widerspiegelt.

Matthias Kneip wurde 1969 in Regensburg geboren. Er lebt als Schriftsteller und wissenschaftlicher Mitarbeiter am Deutschen Polen-Institut in Regensburg und Darmstadt.

235 Seiten

ISBN: 978-3-936706-10-7

13,90 Euro

www.lektora.de

Matthias Kneip

Reise in Ostpolen

In seinem neuen Buch begibt sich Matthias Kneip erneut auf Entdeckungsreise nach Polen. Diesmal entführt er den Leser in den Ostteil des Landes, der selbst für viele Polen noch unbekanntes Territorium darstellt. Vom Süden in den Norden hat Kneip interessante Menschen und Orte entlang der polnischen Ostgrenze aufgespürt und beschrieben. Ihm gelingt ein faszinierendes Mosaik aus Bildern und Texten, das neugierig macht und Lust, diesen Teil Polens kennen zu lernen.

Jeder, der wirklich wissen möchte, was Polen ausmacht, sollte sich mit diesem Buch im Gepäck auf die Reise machen. Der Autor verleiht nicht nur Orten und Menschen eine Stimme. Er verwebt in seinen Geschichten geradezu kunstvoll Begegnungen, Legenden, Merkwürdigkeiten und literarische Texte, durch welche eine lebendige, fesselnde Lektüre entsteht, der sich der Leser kaum entziehen kann.
Olga Tokarczuk

229 Seiten

ISBN: 978-3-936706-28-X

13,90 Euro

www.lektora.de

Bei Lektora erschienen

Matthias Kneip

Keiner versteht mich

[...]
Ich könnte nicht leben, ohne Gedichte zu schreiben. Könnte nicht an jenem bronzenen Engel im Stockholmer Millesgaarden vorbeigehen, der eine Armbanduhr trägt und sich die wunden Füße kratzt, ohne innezuhalten, ihn zu bemitleiden bei seiner Mission auf Erden. Spürte den Atem des Alltags in Deutschland nicht, seine Düfte, seine kalten und warmen Momente, hielte ich nicht inne für einen Moment, schriebe ich sie nicht auf. Ich könnte die Liebe von den Lieben nicht unterscheiden, den Geschmack von Schokolade nicht vom Geschmack anderer Süßigkeiten, empfände jede Einsamkeit gleich.
Darum setze ich mich hin von Zeit zu Zeit, entfliehe dem Strom und bremse mit meinen Worten den Lauf der Dinge. Und wenn die Stimme mir eines Tages sagen würde, dass dies alles gewesen sei, so werde ich antworten: es war genug.

Matthias Kneip, 1969 in Regensburg geboren, arbeitet als wissenschaftlicher Mitarbeiter am Deutschen Polen-Institut in Darmstadt sowie als Schriftsteller, Publizist und Polenreferent. Seine Gedichte, die sich durch einen spielerischen Umgang mit Sprache sowie hintergründigen Humor auszeichnen, wurden u.a. ins Polnische, Russische und Japanische übersetzt. Kneip lebt in Regensburg und Darmstadt.

412 Seiten

ISBN: 978-3-938470-99-2

17,80 Euro

www.lektora.de

MATTHIAS KNEIP

**KEINER
VERSTEHT
MICH...**

Lektora